中国青年政治学人
Younger Scholars of Chinese Politics

空间政治
城市公共空间的生成逻辑与治理政策

Space Politics:
Generating Logic and Governance
Policy of Urban Public Space

刘兆鑫 著

中央编译出版社
Central Compilation & Translation Press

图书在版编目（CIP）数据

空间政治：城市公共空间的生成逻辑与治理政策／刘兆鑫著．—北京：中央编译出版社，2019．11
（中国青年政治学人）
ISBN 978-7-5117-3747-2

Ⅰ．①空… Ⅱ．①刘… Ⅲ．①城市空间-公共空间-城市管理-研究-中国 Ⅳ．①F299.23

中国版本图书馆 CIP 数据核字（2019）第 235810 号

空间政治：城市公共空间的生成逻辑与治理政策

出 版 人：	葛海彦
出版统筹：	贾宇琰
责任编辑：	李南男
责任印制：	刘　慧
出版发行：	中央编译出版社
地　　址：	北京西城区车公庄大街乙 5 号鸿儒大厦 B 座（100044）
电　　话：	（010）52612345（总编室）　（010）52612362（编辑室）
	（010）52612316（发行部）　（010）52612346（馆配部）
传　　真：	（010）66515838
经　　销：	全国新华书店
印　　刷：	北京时捷印刷有限公司
开　　本：	710 毫米×1000 毫米　1/16
字　　数：	160 千字
印　　张：	12
版　　次：	2019 年 11 月第 1 版
印　　次：	2019 年 11 月第 1 次印刷
定　　价：	58.00 元
网　　址：	www.cctphome.com　邮　箱：cctp@cctphome.com
新浪微博：	@中央编译出版社　微　信：中央编译出版社（ID: cctphome）
淘宝店铺：	中央编译出版社直销店（http://shop108367160.taobao.com）
	（010）55626985

本社常年法律顾问：北京市吴栾赵阎律师事务所律师　闫军　梁勤
凡有印装质量问题，本社负责调换，电话：（010）55626985

目 录
Contents

第一章
绪 论 / 1
 一、关注城市公共空间治理：在紧凑的城市空间中组织
  有秩序的生活 / 2
 二、文献综述和研究动态 / 4
 三、研究框架与内容设计 / 13

第二章
城市公共空间的属性及其意义 / 15
 一、开放和审美：城市公共空间的物理属性及类型 / 15
 二、超越物质性：多重维度下的城市公共空间及其公共性 / 24
 三、公共秩序：作为社会空间统一体的城市公共空间 / 37

第三章
城市公共空间秩序存在的问题 / 47
 一、城市公共空间秩序问题的表现 / 47
 二、城市公共空间秩序问题的诱因：结构性分析框架及其应用 / 65

第四章
空间正义：城市公共空间治理的价值追求 / 86
 一、空间正义理论及其启示 / 86
 二、追求正义性的空间：城市公共空间的正义形态 / 96

第五章
城市公共空间治理：体系、模式和机制 / 105
    一、城市公共空间治理体系的建构 / 105
    二、城市公共空间治理的基本模式：基于主体的视角 / 116
    三、城市公共空间的治理机制 / 127

第六章
城市公共空间治理的政策工具 / 144
    一、政策工具理论及其启示 / 144
    二、城市公共空间治理的政策工具及其创新 / 149
    三、城市公共空间治理的工具选择 / 163

第七章
结论和展望 / 174

参考文献 / 177
    中文著作 / 177
    中文论文 / 180
    英文文献 / 184

后　记 / 186

第一章

绪　论

　　本书尝试挑战一个"极其复杂"的问题——城市公共空间及其治理。之所以谓之挑战，原因有三：一是以城市公共空间为研究对象首先就要面临其内涵复杂性的挑战，日常生活中我们可以简单地用"公共空间"一词来描述一种城市现象或者城市生活，甚至于城市生活的方方面面都或多或少涉及公共空间，但对之加以理论化讨论时却总会遭遇公共空间多重属性的困惑。二是对城市公共空间作为实体空间所蕴含的非实体意义，特别是政治社会意义必须给予足够的关注，因而需要超越建筑规划的视野，将其纳入"空间政治"和"社会治理"的范畴予以统筹考虑，这会极大地改变对一些传统问题的认识，这无疑又构成一大挑战。当然，笔者认为这一挑战也是必须面对的，是不能回避的，因为它有可能帮助我们找到解决相关问题的最佳路径，比如通过空间性的系统观察，我们有可能将社区建设的重心转移到社区公共空间的营造上来，或许这对提高基层治理有效性会有所帮助。三是越是深入观察城市公共空间，我们越倾向于将其作为一个系统问题来加以整体性理解和治理，也就是构建统一的治理体系。然而，就如同其他一切新生治理体系一样，构建城市公共空间治理体系首先要面对的问题就是意识问题，也就是人们是否会基于新的因果判断而认可新治理体系存在的必要性。人们对构建统一的城市公共空间治理体系并将其嵌入既往城市治理架构是否能够形成一种普遍认识，仍有待观察。因此，我们需要回答一系列问题，包括：为什么要关注城市公共空间及其治理？从管理的维度乃至政治社会过程的维度观察城市公共空间问题有何价值以及如何观察？为什么构建城市公共空间治理体系是必要的？这个体系的内容应该如何来界定？这些都构成本书试图研究的内容。

一、关注城市公共空间治理：在紧凑的城市空间中组织有秩序的生活

2011年我国城镇化率首次超过50%，标志着城市型社会的来临。2015年，时隔37年，我国又重启中央城市工作会议，会议上对我国未来城市发展和城市事务相关问题作了重要指示和部署。在推进全面深化改革的过程中，完善和发展中国特色社会主义制度、推进国家治理体系和治理能力现代化是总目标。从一定意义上来讲，随着城镇化持续发展，将有越来越多的人生活在城市当中，城市治理的优劣直接影响国家治理的状况。其中，城市公共空间治理占据十分重要的地位。

第一，城市公共空间治理就是社会治理。在城市治理的诸多问题中，城市公共空间治理起着重要作用。一定意义上来讲，公共空间是城市政治的晴雨表，是城市政治的发源地。从20世纪80年代开始，社会科学研究的"空间转向"为我们理解和把握城市现象、分析解决城市社会空间问题提供了重要方法论支持。空间转向将空间与社会、物质空间与社会空间、空间的生产与社会的生产联系在一起，为我们提供了城市运行的规律性知识。其中，城市公共空间就是一类典型的城市空间形态，其本身也是社会空间。因而，研究城市公共空间问题不仅可为城市研究的空间理论形成重要支持作用，事实上也能够改进城市社会治理。鉴于此，有必要将空间理论的宏大叙事与中国城市发展中的现实问题联系起来，重点研究城市公共空间的治理问题。

第二，城市公共空间治理是医治"城市病"的重要途径。我国快速

城镇化进程中出现了一些城市现象,比如交通拥堵、社区衰落、社会冲突等,这些实际上都与城市公共空间有关。《中共中央国务院关于深入推进城市执法体制　改进城市管理工作的指导意见》(2015)提出维护城市公共空间的要求,体现出对这一问题的重视。当然,通过加强城市公共空间治理来带动"城市病"的解决仍需进一步理清思路。要认识到许多"城市病"表征事实上是公共空间失序的表现,因此要认识到社会分化背景下市场机制、社会行动和政府干预对城市公共空间的作用机理,以及关于城市公共空间失序的结构性诱因,从而建构城市公共空间的整体性治理框架。从这个维度来说,本书既是城市治理具体领域的对策研究,也可看作治理理论在城市空间维度的拓展,希望对城市空间治理理论与实践的丰富和发展有所贡献。同时,部分城市政府在应对城市公共空间失序方面存在行为失范与治理失效的问题,希望能通过加强基础研究澄清相关实践误区,探寻城市公共空间秩序建构的治理路径,从而推动和谐城市建设,为促进具体领域城市管理精细化提供改革依据。

第三,加强城市公共空间治理可以助推城市治理现代化。城市公共空间是城市中的开放空间,原则上包括除私人封闭空间以外的所有空间。如果说城市是个公共容器的话,城市公共空间就是城市生活中除私人生活外全部社会关系和实践发生的主要场所,甚至说城市公共空间就是城市的社会性、政治性形态。因而,城市公共空间不仅是城市治理的重要对象,其本身也构成各种城市治理活动和社会实践的制度性场域。然而,已有的研究和社会实践似乎并未认识到城市公共空间如此重要的地位,表现出两种倾向:一是将城市公共空间作为建成环境的一种类型加以对待。在理论层面上,现有研究主要集中于城市公共空间规划建设、形态设计及其本质属性的讨论;在实践层面上,尽管国内外城市治理开始显现出对城市公共空间的重视,将公共空间作为城市政府基本服务纳入管理系统的呼声很高,但目前对城市公共空间治理的认识仍较为分散,缺乏系统归纳梳理。二是对城市公共空间社会属性的系统认知尚不明确,对现实世界遭遇的看似互不相干的公共空间事件缺乏必要的关联性判断，忽视了诸类型事件背后所蕴含的大体一致的运行逻辑和问题产生的原因，因而难免错失从整体上加以分析和解决问题的机会，当然也有可能认识不到建构城市公共空间治理体系的重要性。

综上所述，本书将"公共秩序"作为城市公共空间的核心属性，从而概括城市公共空间治理的研究领域，阐明城市公共空间治理的价值取向，尝试构建城市公共空间治理体系，分析其治理模式、机制和政策工具，以期能拓展城市治理相关领域和认识。笔者认为可以这样归纳本书研究主旨：加强对中国现状的观察，以解释我国城市公共空间的运行逻辑；突出秩序建构的核心地位，以明确多样性城市问题的内在关联，以及多元主体的合作基础和协同规则；建构整合性的城市公共空间治理框架，以弥补单一路径失效问题。

二、文献综述和研究动态

随着世界范围内城市化持续推进，如何在紧凑的城市空间内组织有秩序的社会生活受到关注。城市公共空间因其与社会结构、城市功能的密切关系而成为研究重点。公共空间已经成为当代城市学术界内部的核心研究领域之一，主要包括三种路径：一是建筑规划意义上的公共空间；二是社会学意义上的公共空间；三是政治学意义上的公共空间。

（一）关于城市公共空间的本质属性

国外城市公共空间研究发轫于对城市公共空间属性的再认识，萨缪尔森（Paul A. Samuelson）的"作为公共物品的公共空间"、雅各布斯（Jane Jacobs）的"包容多元的异质空间"、阿伦特（Hannah Arendt）和哈贝马斯（Jürgen Habermas）的"公共领域"、杨（I. M. Young）的"差异空间"等学术概念的提出和研究促使人们反思城市发展中公共空间的失落,也极大拓展了城市公共空间研究的想象力。追溯理论渊源,学者从开放性和可达性[①]、自由行动[②]等方面勾勒了城市公共空间的判定标准。随着多学科交叉研究的开展,城市公共空间作为社会空间统一体的属性得到认可[③],城市公共空间被认为是物质空间与社会空间的结合。这些研究推动了城市公共空间研究从物质形态向社会性议题的拓展。

萨缪尔逊在《公共支出的纯粹理论》一文中阐述了公共产品理论的一些核心问题,他在文中提及了公共空间的本质属性:"作为公共物品的公共空间",即他认为公共空间也属于公共物品的范畴,他这样解释公共产品:每一个人对这种产品的消费并不减少任何他人也对这种产品的消费。[④]

雅各布斯在《美国大城市的死与生》中用较大篇幅论述了城市公共空间,她从社会安全角度出发来定义成功街区,她认为公共空间必须有人的存在,有人的监视,使人们身处陌生人之间能够感到人身安全。她还强调,公共空间与私人空间之间要有清晰的界限。[⑤]

阿伦特在《人的条件》第二章中论述关于公共领域和私人领域的区别时提出了公共空间的概念,认为公共空间的形成有一定的理论基础和历史渊源。公共领域是人与人互动的基础,也是人存在的条件之一,它是一个能进行沟通交流的领域。阿伦特认为,真理是在公共空间中产生的。她试图将人赖以生存的活动进行区分,进而明确产生公共空间的活动。[⑥] 而哈贝马斯在《公共领域的结构转型》中对公共领域(即公共空

---

① W. H. Whyte, *The Social Life of Small Urban Spaces*, Washington D. C.: Conservation Foundation, 1980.
② S. Carr, *Public Space*, Cambridge: Cambridge University Press, 1992.
③ M. Gottdiener, and R. Hutchison, *The New Urban Sociology*, New York: McGraw-Hill Inc., 2000.
④ Paul A. Samuelson, "The Pure Theory of Public Expenditure", *The Review of Economics and Statistics*, Vol. 36, No. 4, 1954, pp. 387–389.
⑤ [美] 简·雅各布斯:《美国大城市的死与生》,金衡山译,译林出版社2006年版。
⑥ [德] 阿伦特:《人的条件》,竺乾威译,上海人民出版社1999年版。

间）问题进行了讨论，在历史和社会学范畴中对之进行了梳理。①

关于公共空间概念的起源，纳道伊（L. Nadai）认为，这一术语被城市学者从社会政治范畴引入到建成环境就是为了区别于其他城市空间的概念。首先，它不同于"开放空间、开敞空间、休闲空间、绿地、广场、公园"等强调功能属性的空间类别；其次，它也不同于现代主义规划者20世纪40—50年代提出的"市民空间（civic space）或公民空间（communal space）"。②

吉迪恩（S. Giedion）等认为现代城市提供维系市民社会的空间是在《雅典宪章》中被忽略的第五种城市基本功能，这一概念虽然关注到空间的抽象精神价值，但仍将城市建立在功能分离的基础上，而这正是"公共空间"的倡导者所竭力反对的。③

国内学者基于我国快速城镇化过程中出现的社会空间问题，对城市公共空间的性质进行阐释，分别提出城市公共空间的"市民性"④、"人本性"⑤、"公共性"⑥等概念范畴，对其作为"社会容器"的品质进行了界定。这些研究为评价城市公共空间形态的正当性提供了借鉴，发展何种样态的城市公共空间已经成为我国城市治理研究的重要议题。

张鸿雁提出城市公共空间的"市民性"，他认为城市作为一种社会空间存在，是一种物化的资本力量，这种力量表现为典型意义上的经济与

---

① ［美］哈贝马斯：《公共领域的结构转型》，曹卫东译，学林出版社1999年版。
② L. Nadai, *Discourses of Urban Public Space*, USA 1960—1995: *A Historical Critique*, New York: Columbia University Press, 2000. 根据学者纳道伊对"公共空间"概念进行的历史研究，"公共空间"（public space）作为一个特定名词最早出现是在20世纪50年代。
③ ［瑞士］希格弗莱德·吉迪恩：《空间、时间、建筑》，王锦堂、孙全文译，华中科技大学出版社2014年版。
④ 张鸿雁：《正义空间：空间剩余价值与房地产市场理论重构》，载《社会科学》，2007年第1期。
⑤ 陈竹、叶珉：《西方城市公共空间理论——探索全面的公共空间理念》，载《城市规划》，2009年第6期。
⑥ 曹现强、王超：《公共性视角下的城市公共空间发展路径探究》，载《城市发展研究》，2013年第8期。

文化要素的集聚。一个充分发展的城市社会空间，既能够成为城市人创造新生活方式的动力，又能够在改变社会关系的同时，"形塑"城市市民的生活方式。①

陈竹、叶珉认为"公共空间"并不是一个可以简单定义的概念，这一概念的复杂性首先来自于"公共空间"（public space）中包含"公共"（public）和"空间"（space）这两个重要概念。②

（二）关于城市公共空间的功能实现

国内外学界普遍认可城市公共空间的存在价值，肯定其政治社会功能，倡导城市开发对公共空间的关注。一些学者分别从城市公共空间对公共舆论③、居住分异④、社区认同⑤、城市和街头经济⑥的影响机理研究城市公共空间的规划设计原则，也对城市公共空间在居民健康等方面的功能及其实现方式进行了分析。⑦ 我国学者周波对新中国成立后国家政治经济体制变迁对城市公共空间功能的影响进行了研究。⑧

但也有学者质疑城市公共空间功能的现实可行性。理查德·桑内特

---

① 张鸿雁：《空间正义：空间剩余价值与房地产市场理论重构》，载《社会科学》，2017年第1期。
② 陈竹、叶珉：《西方城市公共空间理论——探索全面的公共空间理念》，载《城市规划》，2009年第6期。
③ L. Nadai, *Discourses of Urban Public Space, USA 1960—1995: A Historical Critique*, New York: Columbia University Press, 2000.
④ Daniel Trudeau and Meghan Cope, "Labor and housing markets as public space: 'personal responsibility' and the contradictions of welfare policies", *Environment and Planning A*, Vol. 35, No. 5, 2003, pp. 779 – 798.
⑤ [英] 埃蒙·坎尼夫：《城市伦理：当代城市设计》，中国建筑工业出版社2013年版。
⑥ Derya Oktay, "Urban Public Spaces and Vitality: A Socio-Spatial Analysis in the Streets of Cypriot Towns", *Procedia-Social and Behavioral Sciences*, Vol. 35, 2012, pp. 664 – 674.
⑦ Heinz Schandl and Anthony Capon, "Health and wellbeing in the changing urban environment complex challenges", *Human settlements and industrial systems*, Vol. 4, 2012, pp. 465 – 472.
⑧ 周波：《城市公共空间的历史演变》，四川大学博士论文，2005年。

(R. Sennett)否认城市公共空间能直接提供包容差异的共识性社会交往[①];佐金(S. Zukin)指出自由行动在城市公共空间中是不可控的,其本身是不可管理的[②];韦伯斯特(C. Webster)强调城市公共空间的拥挤性,指出以公共利益为目的的准入规制有可能形成新的社会排斥[③]。这些研究展现了城市公共空间承载社会生活的多重面向,但也映射出维护其有序运行的复杂要求。

同时,西方许多社会学者从不同角度出发论述了建成环境中的公共空间在形成积极的社会生活和人际交往中的意义。尽管不同学者对城市"公共空间"有着不同的定义,但他们普遍认为公共空间所提供的由人共同存在而产生以及可能产生的公共交往行为,是维系不同层次社会关系的重要纽带。由于人们公共交往而形成的公共领域作为私人领域的平衡机制,是不可或缺的。在对公共空间的社会价值的探讨中,一些社会学者关注城市中超出个体私人或家庭领域的[④]、建立在共同性和邻里交往之上的社区公共空间作为维系社区社会关系和形成个体归属感的意义[⑤]。

另一种观点则认为在多元的现代城市中,由于人口密度的增加以及由基本而共同的城市交通等功能集中化而带来的不同人共存的状况不可避免。公共空间的意义即在于它为有差异的社会个体提供了相互了解、交流和融合的机会。社会学家桑内特指出,"城市的文化特质"就在于它能将不同差异性的人,无论其种族、年龄、阶层和爱好集聚在一起,通过城市中的公共交往突破了原来建立在亲近的共同性上的个体身份,为人们在复杂的城市生活中形成更广泛层次的社会关系及重塑个人身份

---

① R. Sennett, *The Fall of Public Man*, Cambridge: Cambridge University Press, 1977.
② S. Zukin, *Naked City: The Death and Life of Authentic Urban Places*, Oxford: Oxford University Press, 2010.
③ C. Webster, "Property Rights, Public Space and Design", *Town Planning Review*, Vol. 78, No. 1, 2007, pp. 81 – 101.
④ H. Gans, "Assessment of ecological and Marxist approaches", *Cities in Recession Sage*, I. Szelenyi (ed.), CA: Sage; Beverly Hills, 1984.
⑤ W. F. Whyte, *Street Corner Society*, Chicago: University of Chicago Press, 1955.

提供了无尽的可能。① 社会学者扬在研究现代社会关系中特别将城市公共空间与她提出的"差异性的政治"（politics of difference）联系起来并指出，城市公共空间所支撑的、建立在陌生人交往上的容纳差异性的社会生活，与建立在共同性基础上的社区关系相比具有更积极的社会意义。②

（三）关于城市公共空间的生产与再生产

20 世纪 90 年代以来，社会科学研究的"空间转向"将空间与社会、空间与政治的关联研究推向新的认识论基础。以列斐伏尔（Henri Lefebvre）、哈维（David Harvey）等为代表的新马克思主义学派呼吁"回到马克思"来认识城市及其发展，强调社会关系与空间生产的互动关系。通过复兴"空间性"解释路径，一些研究开始关注空间非正义现象，包括公共空间私人化、结构失衡、不利于弱势群体等问题对公民平等权利的侵害。③ 在纠正空间非正义方面，城市权利、社会抗争等路径主张空间生产的民主化。④ 哈维提出社会资源要以正义的方式实现公正的地理分配，在哈维看来，"富人街区"和处于边缘化的"穷人街区"在空间规模、质量、形态和环境上存在的巨大差异，以张扬的物质形式展示着贫富差异，引发底层市民巨大的心理落差与不满，进而造成社会分裂。此时，"政府失灵"和"市场失灵"同时出现，失控的城市空间生产成为"剧烈的社会斗争的焦点"。⑤ 索亚（Edward Soja）明确提出追求空间正义以改善城市生活的构想。⑥ 列斐伏尔指出，我们必须要把注意力从空间事物的本身转移

---

① ［美］理查德·桑内特：《公共人的衰落》，李继宏译，上海译文出版社2008年版。
② 向蓓莉：《图书馆：跨越隔离的公共空间》，载《中国青年报》，2013 年 5 月 14 日。
③ S. Susan, Fainstein, *The Just City*, Ithaca, NY: Cornell University Press, 2010.
④ Michael. Watts, "Commodities", in Paul Cloke, Philip Crang and Mark Goodwin (ed.), *Introducing Human Geographies*, London: Arnold, 1999, pp. 305 - 315.
⑤ ［美］哈维：《后现代的状况：对文化变迁之缘起的探究》，阎嘉译，商务印书馆2003年版。
⑥ Edward Soja, *Seeking Spatial Justice*, Minneapolis: University Of Minnesota Press, 2010.

到空间生产的过程上，因为每种生产方法都有自己独特的空间相匹配，所以生产方式的转变将带来新空间的出现。[①]

国内也有一些研究成果有助于理解城市空间生产。钱振明认为政策调整和有限政府是实现空间正义的基础。[②] 陈映芳从正当性危机和合理性空间的角度探讨城市政府在空间开发过程中应对价值危机的策略。[③] 孙冻栋认为市场机制塑造居民公共空间的使用差异，需要通过混合型社区建设等政策手段予以调节。[④] 曹现强和张福磊考察了我国城市空间重构中正义价值缺失的逻辑。[⑤] 付歆指出空间批判理论揭示了在资本逐利本性下城市空间资本化，成为资本增殖的工具，城市空间的生产与再生产成为资本在城市空间扩张的重要形式。[⑥] 秦红岭通过对政治文化意义上的公共空间与物质环境意义上的公共空间的分析，指出"公共空间的设计与营建不是单纯的技术问题，我们应当把城市公共空间的设计作为以空间方式介入社会问题、伦理问题的一种积极途径，应当深入到市民日常生活层面，对人的生理、心理和精神等方面的各种需要予以理解、重视与关怀"。[⑦] 郦伟、何蔚荣认为如果城市建筑与空间是如马克思所指出的那样能够被建筑师想象和建造，那么，它同样可以被再想象和再塑造，通过城市建筑与空间的生产与再生产缓解社会矛盾与冲突，努力实现功利主义伦理观所追求的"最大多数人的最大幸福"。[⑧] 总体来看，空间生产视

[①] Lefebvreh, *The Production of Space*, Translated by Nicholson Smith D., Oxford: Blackwell Ltd, 1991.
[②] 钱振明:《走向空间正义：让城市化的增益惠及所有人》，载《江海学刊》，2007年第2期。
[③] 陈映芳:《都市大开发：空间生产的政治社会学》，上海古籍出版社2009年版。
[④] 孙斌栋，吴雅菲:《中国城市居住空间分异研究的进展与展望》，载《城市规划》，2009年第6期。
[⑤] 曹现强，张福磊:《我国城市空间正义缺失的逻辑及其矫治》，载《城市发展研究》，2012年第3期。
[⑥] 付歆:《空间批判理论与城市正义的建构》，载《浙江社会科学》，2018年第5期。
[⑦] 秦红岭:《城市公共空间的伦理意蕴》，载《现代城市研究》，2008年第4期。
[⑧] 郦伟、何蔚荣:《意识形态与乌托邦：当代中国城市公共空间生产的伦理维度》，载《华南理工大学学报》，2014年第12期。

角提供了解释城市现象的有力工具，但多为分析性和批判性研究，指导实践的建构性研究较为缺乏。

（四）关于城市公共空间管理与治理

随着对城市公共空间的认识不断深入，城市公共空间的管理问题也呼之欲出。贾奇（David Judge）倡导治理联盟式的城市政治结构。① 林奇（K. Lynch）提出城市公共空间开发和秩序维护的市场化模式。② 马修·卡蒙纳（Matthew Carmona）提出建立专门的城市公共空间管理体系的设想。③ 也有研究对城市公共空间管理手段进行探讨，如朱卡·托罗宁（Jukka Torronen）对在城市公共空间法律规制之外实施道德规制的必要性进行了研究④，卡蒙纳专门阐述了城市公共空间中的冲突管理问题⑤。卡梅塔（Kameta）指出空间正规化并不是单纯的支持，而体现了以限制和控制为目的的"集中营"管控。⑥

国内这方面研究主要包括：周健指出构建以对话协商为基础的人际互动机制是消解城市社区公共空间冲突的途径。⑦张庭伟和于洋对私有公用的公共空间开发管理模式及其价值进了研究，指出在城市公共空间的建设、使用中必须保持公平性，但又不能完全否认私有公共空间，在一

---

① ［英］戴维·贾奇：《城市政治学理论》，上海人民出版社2009年版。
② K. Lynch, "The openness of open space", In T. Banerjee and M. Southworth (eds.), *City sense and city design: Writing and Projets of Kevin Lynch*, Cambridge, MA: The MIT Press, 1995, pp. 396 – 412.
③ M. Carmona, *Public Places-Urban Spaces: the Dimensions of Urban Design*, Oxford; Burlington, MA: Architectural Press, 2003.
④ Jukka Torronen, "Alcohol, Health, and Reproduction", *Critical Discourse Studies*, Vol. 12, 2005, pp. 57 – 77.
⑤ Matthew Carmona, Claudio de Magalhães, and Leo Hammond, *Public Space: The management dimension*, London and New York: Routledge Taylor & Francis Group, 2008.
⑥ A. Y. Kameta, "Pernicious assimilation: reframing the integration of the urban informal economy in Southern Africa", *Urban Geography*, Vol. 39, No. 2, 2018, pp. 167 – 189.
⑦ 周健：《人际互动与城市社区公共空间冲突的消解——上海市24个社区调研的启示》，载《河南大学学报》，2011年第2期。

定程度上，私有公共空间既是公民社会的空间产物，也是公民社会发育的标志。① 陈水生从服务型政府建设的视角出发提出了城市公共空间的再造策略，指出城市公共空间治理需要吸收并依靠城市公共空间多元利益相关者的共同参与，对共同关心的议题和难题的解决，贡献智慧和资源，形成利益共同体和行动协作体，从而构建有效的城市公共空间多元协作治理体系。② 顾爱华、吴子靖、张野认为城市公共空间建设与管理的整体质量直接反映城市的现代化程度、城市管理者的水平和居民的生活质量。优良的城市公共空间，不仅可以提升城市的品位，增加城市的综合竞争力和居民满意度，还能给城市带来可观的经济效益、文化效益和社会效益。③ 王欣、陈志超提出城市公共空间的功能区域决定管理主体与管理职责，功能性区域包括：向社会公众开放、供公共使用和活动的场所。④ 高洁、邢琰、胡玖漪指出了公共空间与政府管理层级进行管理匹配的考量要素和公共空间本身的功能规模等级，进而构建了基于政府管理等级的公共空间体系和管理模式，并提出了相应的管理策略。⑤

综上，国内外已有研究分布于极为广泛的学科领域，提供了多维度把握城市公共空间本质及其治理原则的丰厚素材。但也存在拓展研究的空间：（1）国外理论的适用性问题。现有研究多以发达国家为背景，面向后工业社会转型，对不同发展时序和空间特性的中国是否适用有待验证；（2）"功能—结构"分析倾向明显，遮蔽了对城市公共空间秩序及其与基础性经济社会制度（如所有制、产权制度）共生关系的深入探究；

---

① 张庭伟、于洋：《经济全球化时代下城市公共空间的开发与管理》，载《城市规划学刊》，2010 年第 5 期。
② 陈水生：《城市公共空间及其治理》，载《群众》，2019 年第 2 期。
③ 顾爱华、吴子靖、张野：《沈阳城市公共空间建设与管理研究》，第十五届沈阳科学学术年会论文集，2018 年 6 月。
④ 王欣、陈志超：《后建设时期城市管理的现代化：香港的经验和启示》，载《山东科技大学学报》，2007 年第 2 期。
⑤ 高洁、邢琰、胡玖漪：《基于城市管理视角的公共空间体系重构》，共享与品质——2018 中国城市规划年会论文集，2018 年 11 月。

(3) 目前对城市公共空间问题作"治理"取向的研究较为鲜见，对城市公共空间治理路径的复合性、联动性关照不足。

三、研究框架与内容设计

本书试图以一条逻辑主线来回答一系列研究设想，即"城市公共空间到底是什么？""城市公共空间出了什么问题？""我们以何种立场来看待这些问题并朝什么方向去改善它？""有没有可能将城市公共空间治理作为一个整体的治理领域加以对待？"本书主要结构如下：

第一章　绪论。重点陈述研究缘由和研究意义，梳理当前国内外相关研究的现状及学术史，从而发现现有研究的优缺点，为明确本研究的创新之处找准方向。

第二章　城市公共空间的属性及其意义。城市公共空间的基础属性决定治理策略的选择。本章着重对城市公共空间的属性进行界定，在现有研究将开放性和审美要求作为城市公共空间物质属性，将可达性和参与性等公共性要求作为城市公共空间的社会属性的基础上，提出将公共秩序作为其核心属性，包括空间形态准则、社会行为规则和空间生产秩序三个维度。运用社会空间辩证法，从物质空间、社会空间和社会—空间统一体三个维度分别阐述城市公共空间的属性，最终明确公共秩序作为城市公共空间核心属性的地位。

第三章　城市公共空间秩序存在的问题。在明确公共秩序作为城市公共空间核心属性的基础上，本章着重对当前我国部分城市公共空间存在的失序现象进行追问，对其不同表象进行归纳总结，将城市公共空间失序概括为空间私人化、空间区隔、空间排斥和空间冲突四种基本类型。通过建构物质形态、社会行动和管理系统三元结构性分析框架，对当前我国部分城市公共空间失序的结构性诱因进行分析，从中发现城市公共空间供给缺失是失序的前提性诱因，社会结构变迁是失序的系统性诱因，而管理系统的治理失灵则构成失序的基础性诱因。在此基础上，为解决城市公共空间失序建构一个多重维度协调推进的整体性方案。

第四章 空间正义：城市公共空间治理的价值追求。本章引入空间正义理论和分析视角，阐释了空间正义作为城市公共空间治理核心价值的地位和意义，提出混合居住模式、公共服务的空间均等化、开放性空间供给、空间组织的多中心结构、社会阶层融合等复合的城市公共空间正义形态。指出城市公共空间生产过程的正义性要求及其潜在的非正义风险，重点是规避资本、权力和社会建构中的非正义性风险。

第五章 城市公共空间治理：体系、模式和机制。针对城市公共空间治理作为一个专门治理领域的理念和框架建构，瞄准城市公共空间治理在我国尚未形成实践领域的现状，总结描述当前我国城市公共空间管理相关实践活动，提出"权威规划＋行政执法"是当前我国城市公共空间管理的主要方式，但多种行政执法组成的管理体系并不足以应对城市公共空间治理的复杂性，且存在管理职能和部门分散的问题，需要建构统一的城市公共空间治理体系。本章还从政府、市场和社会三元主体关系入手，分析了国家中心、市场中心和社区中心三种城市公共空间治理的基本模式，指出公私合作和公共空间治理的社区化方案的可取之处。最后，本章还对城市公共空间治理的机制建设进行了分析，强调从协商对话机制、政策决策机制、经济组织的引导制衡机制和大众启蒙教育机制四个维度推进城市公共空间整体性治理。

第六章 城市公共空间治理的政策工具。本章着眼于公共政策作为政府干预社会运行的手段，重点研究政府在城市公共空间治理中应为和不应为的方式问题，以回答政府介入城市公共空间运行的有效方式问题，特别是在市场经济条件下，政府运用行为规则、道德规则、私营化管理等政策工具的优缺点评价，以及管制型、供应型、市场化、社会化和信息型政策工具提高公共空间治理效能的途径。

第七章 结论和展望。对全书研究框架和结论性观点进行总结，并对本书研究的未来意义进行简单陈述。

第二章

城市公共空间的属性及其意义

若以"公私"为界,城市公共空间是除私人空间以外的一类典型城市空间形态,或者说城市是由公共空间和私人空间组成的,因而城市公共空间是城市治理的基本对象之一。城市公共空间是承载城市公共生活的主要载体,城市生活的多个方面或多或少都要在公共空间中展现出来,公共空间也是城市治理发生的主要场所。作为城市治理的对象和场所,城市公共空间既具有物质空间的功能属性,又蕴含着丰富的政治社会意义,直接关系到如何在紧凑的城市空间里建构有秩序的社会生活。随着城市型社会来临,城市公共空间的重要价值已经越来越突出。

一、开放和审美:城市公共空间的物理属性及类型

20世纪50年代以来,城市公共空间(Urban Public Space)开始作为一个专门性的学术概念出现于建筑学、城市规划和景观学领域。经过几十年的发展,城市公共空间逐渐成为稳定的研究对象和领域。在这些学科中,建成环境中"公共空间"成为对其加以概念化的基本形式,为我们理解城市公共空间提供了基础性知识来源。

(一)作为建成环境的城市公共空间

在建筑学、城市规划和景观学领域,"公共空间"的概念主要从属于

物质空间的属性，即作为城市建成环境的一种空间形态，并基于此生出开放性和视觉审美性两个城市公共空间的价值维度。

1. 城市公共空间的基础定义

城市空间是由不同种类的空间形态整合形成的，而公共空间是其中的一种形态，是城市建成环境的一个组成部分。目前，国内外对城市公共空间的定义以"开放空间"的命题为主要形态，"甚至有学者认为城市公共空间基本等同于开放空间或室外空间"，"城市公共空间是属于城市公共价值领域的城市空间，主要是城市人工开放空间，或者说人工因素占主导地位的城市开放空间"。[1] 国外学者斯蒂芬·卡尔（Stephen Carr）的定义也十分类似，他将城市公共空间定义为："开放的，能够满足人们开展群体和个体活动的，公共可达的地方"。[2]

作为一个城市学科的核心概念，国内学者李德华对城市公共空间作了广义和狭义的区分。"城市公共空间狭义上是指那些供城市居民日常生活和社会生活公共使用的室外空间。它包括街道、广场、居住区户外场地、公园、体育场地等。根据居民的生活需求，在城市公共空间可以进行交通、商业贸易、表演、展览、体育竞赛、运动健身、休闲、观光游览、节日集会及人际交往等活动。公共空间又分开放空间和专用空间。开放空间有街道、广场、停车场、居住区绿地、街道绿地及公园等，专用公共空间有运动场等。城市公共空间的广义概念可以扩大到公共设施用地的空间，例如城市中心区、商业区、城市绿地等。"[3]

国外学者马修·卡蒙纳（Matthew Carmona）认为："从广义定义来看，公共空间涉及人为建筑和自然环境、公共和私人、内部和外部、城市和乡村中所有供公众自由享有的地方，尽管他们不一定不受到限制。

---

[1] 周进：《城市公共空间建设的规划控制与引导》，中国建筑工业出版社2005年版。
[2] Stephen Carr, Mark Francis, Leanne G. Rivlin, and Andrew M. Stone, *Public Space*, Cambridge: Cambridge University Press, 1995, p.50.
[3] 李德华：《城市规划原理（第三版）》，中国建筑工业出版社2001年版。

它包括：所有街道、广场和其他有通行权的道路，无论它是主要用于住宅、商业或市民社区，或者开放空间及公园，以及那些欢迎访问的公共的和私人的内外空间，比如私人购物中心或者铁路巴士站，还有重要的公共建筑和市民建筑，如图书馆、教堂和市政厅。"但他也认识到，这种界定涵盖了从日常生活街道、商业中心到开放的户外空间的广泛形式，几乎将所有与"公共"有关的空间形式都囊括其中。从管理的角度来看，广义定义过于宽泛以至缺少可操作性，因而需要给出城市公共空间的狭义定义，即"排除了私人所有的和内部的公共活动空间，以及城郊非人力作用的公共环境空间"[①]。

长期以来国外对城市公共空间的界定主要从属于规划设计的逻辑，而将其作为管理对象加以对待，在我国则起步于陕西省2012年制定并实施的《陕西省城市公共空间管理条例》。该条例第一次系统地提出了城市公共空间管理的职责，并全面规定了管理内容，具有极强的进步意义。然而，该条例所称城市公共空间仍主要延续规划学派的路径，"本条例所指的城市公共空间是指城市规划区域内向社会公众开放、供公共使用和活动的场所，包括道路、公园、广场、绿地、体育场地、公共停车场、公共交通换乘站、城市滨水区域等。"[②]

2. 城市公共空间的类型构成

国内外城市公共空间的相关定义大致界定了公共空间的物质属性，而对其类型的区分和归纳则勾勒出其基本轮廓。实际上，在社会总体上从现代走向后现代的进程中，城市公共空间的"公私"界限已趋于模糊化，现实生活中的城市公共空间并不容易被整个地界定出来并加以清晰描述。在城市快速扩张和发展、国际趋同性不断增长的当下，"空间学

[①] Matthew Carmona, Claudio de Magalhães, and Leo Hammond, *Public Space: The management dimension*, London and New York: Routledge Taylor & Francis Group, 2008, p. 4.
[②] 《陕西省城市公共空间管理条例》（2013年9月26日陕西省第十二届人民代表大会常务委员会第5次会议通过）。

习"下的城市公共空间形态越来越表现为复合功能的特性。总结来看，当下城市公共空间正经历着两种路径上的转变。第一种路径是空间形态的转变。传统的街道、广场、绿地等公共空间的典型代表已不能满足市民生活的全部需要，至少已经不再被作为一种习以为常的城市部件而融入人们日常生活的方方面面。现实是，商业文明主导下的购物中心，为满足机动车出行需要而不断增长的城市交通枢纽，以及各种标志城市文化的博物馆、演出场所等都可以说已是公共空间的范畴了。这也可以说是时间变迁下的空间转换。第二种路径是城市功能维度内的公共空间转变。随着城市功能的不断丰富化，那些表征城市功能的公共空间也不断被赋予新的功能属性，如市政公共空间、商业公共空间、文化博览公共空间、复合公共空间等。再如以基本的公私产权为界限所作的划分，包括城市公共产权空间，即城市空间中属于公共所有或属于公共价值领域，也包括私人所有但对外开放的私人公共空间，如私人花园、博物馆等。

学者李昊从社会价值的维度给出的城市公共空间的类型学划分对我们理解城市公共空间的属性有一定借鉴意义。他认为，按照设计空间（Designed Space）的逻辑，城市公共空间可以从物理形态、功能类型和社会活动集中度三个方面给出类型划分。[①]

（1）按照物理形态区分

李昊认为，按照物理形态来区分，城市公共空间可分为自然空间环境资源和人造空间环境资源。自然空间环境包括自然的地理景观，如山川、河流和湖泊、森林带、绿地等，这些通常构成了城市的自然特征。人造空间环境包括广场、公园、道路、小巷、庭院、休闲和娱乐设施（见表2.1）。

---

① 李昊：《物象与意义——社会转型期城市公共空间的价值建构（1978—2008）》，西安建筑科技大学博士论文，2011年。

表 2.1　基于物理形态的城市公共空间类型构成①

类型		典型例子
自然空间环境	风景区	
	保护区	江河湖海、溪流瀑布、海滨、河岸、湖畔、山林原野
	保留区	森林、沼泽地、山峦
人造空间环境	街道空间	轴线大道、步行街
	广场空间	市政广场、纪念广场、商业广场、交通广场、宗教广场、休闲娱乐广场
	公园绿地	综合性城市公园、儿童公园、动物园、植物园、纪念性园林、名胜古迹园、园林、林荫道、游乐公园、居住绿地、街头绿地、体育公园
	室内化开放空间	建筑中庭、建筑内部公共通道、室内步行街、地下商业街

（2）按功能类型区分

根据公共空间在城市中的功能特征和使用现状，可以将城市公共空间划分为居住型、工作型、交通型和游憩型四大空间类别（见表 2.2）。实际上，这种划分方法是《雅典宪章》功能分区的思想，集中体现为城市的四大功能是居住、工作、休闲和交通，这在城市公共空间的类型上基本都所有体现，体现了城市公共空间存在的广泛性和影响城市运行的基础性。虽然这种功能分区的思想受到广泛批判，特别是复合功能不断强化的情况下，城市公共空间的功能也很难被清楚地区分开来，但依功能类型所作的划分，对我们理解城市公共空间基础属性还是有所裨益。

---

① 李昊：《物象与意义——社会转型期城市公共空间的价值建构（1978—2008）》，西安建筑科技大学博士论文，2011 年，第 191 页。

表 2.2　基于功能区分的城市公共空间类型构成①

类型	实现形式
居住型公共空间	社区中心、绿地、儿童游乐场、老年活动中心等
工作型公共空间	生产型（工业区公园、绿地）、工作型（市政广场、市民中心广场、商务中心休憩广场）
交通型公共空间	城市入口（车站、码头、机场等）、交通枢纽（立交桥、过街天桥、地道）、道路节点（交通环岛、街心花园）、通行性空间（商业步行街、林荫道、湖滨路）
游憩型公共空间	休憩和健身（中央公园、绿地、度假中心、水上乐园）、商业娱乐（商业街、商业广场、娱乐中心）

（3）按社会活动集中度的类型区分

在现代城市中，城市社会活动呈现高度集中化、中心化，各种类型的"中心区"共同构成城市公共空间的主体形态（见表2.3）。

表 2.3　基于社会活动集中度的城市公共空间类型构成

类型	实现形式
城市综合性公共中心	城市中三种及三种以上的公共活动内容相对集中的公共中心，往往是城市主要的公共中心
城市行政中心	城市行政管理机构的中心，是体现城市政治功能的重要区域
城市文化中心	以城市文化设施为主的公共中心，是体现城市文化功能和反映城市文化特色重要区域
城市商业中心	城市商业服务设施最集中的地方，与市民日常活动关系密切，是体现城市生活水平以及经济贸易繁荣程度的重要区域
城市商务中心	城市商务办公的集中区，集中了商贸、金融、保险、服务、信息等各种机构，是城市经济活动的核心地区，城市商务中心也被称 CBD（Central Business District），即中央商务区

---

① 陈明：《城市公共空间景观环境的安全评价》，西安建筑科技大学硕士学位论文，2006年，第18页。

续表

类型	实现形式
城市体育中心	城市各类体育活动设施相对集中的地区，是城市大型体育活动的主要区域
城市博览中心	城市博物、展览、观演等文化设施相对集中的地区，是城市文化生活特色的体现
城市会展中心	城市会议、展览设施相对集中的地区，是城市展示和对外交流的重要场所

（二）城市公共空间的形态要求

以建成环境为基本属性，城市公共空间的研究和社会实践主要从属于视觉设计的路径。作为一个舶来的概念，城市公共空间在西方世界的话语体系中表现为一种公众集会活动场所的形态，典型的如古希腊城邦中的议事广场、开放空间、公共场所，再如城市基本构成单元，如街道、公园、绿地等。显然，无论是作为一种还原自然生态场景的绿色空间，还是伴随社会演变，经由不同的权力所有者或者设计师人为设计出来的舒适空间，城市公共空间已经构成城市这个人类发展特殊阶段才形成的聚集体所具备的专属性的空间形态，它的物质形态在城市人居环境中占据了核心地位，即外部感知的良好秩序或令人愉悦的视觉感受都来自于城市公共空间所展现的部分的、代表性的城市部件。所以，古往今来的城市规划都十分重视城市公共空间设计。相应地，这种"设计"自然而然地多发生于对传统的"建筑美学"的思索和追求。人们往往根据所谓的视觉质量和审美体验来推定城市的美好程度或者公共空间本身的状态。

在视觉设计的路径之下，人们主要关注的是空间质量（Qualities of Space）问题。研究者和实践者总是通过引发视觉冲击，来塑造审美需要的方式，总结城市公共空间形态元素的基本构成，然后将其作为构建类似环境的总的指导方针加以处理,即符合特定要求的体现优劣水平的"空间质量"。所以,空间质量的概念主要包括审美性和开放性两个方面。"关于公共空间的争论目前主要集中于一系列重叠的、定义不是十分明确的术语中,如宜居性、场所质量、生活质量、环境排斥和公平、环境质量、物质资本、幸福感,以及城市设计和可持续性等,这些概念经常被用于指称公共空间的恰当尺度。"① 而一些学者则直接对城市公共空间的质量要求进行了总结,如卡蒙纳将城市公共空间的质量要求归纳为12个方面(见表2.4)。

表 2.4 城市公共空间的质量要求②

质量要素	内涵	
干净整洁 (Clean and tidy)	良好的维护	清除垃圾、随意张贴物、废弃的汽车、异味、碎屑和污垢,充足的垃圾处理设施,狗的喂养
可达性 (Accessible)	容易接近和进入	容易移动,舒适行走,无障碍路面,步行、自行车和公共交通工具随时都可以到达,优质停车场,空间的连续性,拒绝拥堵
吸引力 (Attractive)	视觉的赏心悦目	审美品质、视觉刺激、整洁的、保养良好的公路、景观美化、草地边缘、前花园、无任何破坏行为和损害、协调的街道家具
舒适性 (Comfortable)	舒适地度过休闲的时光	无重交通、铁路或飞机噪声、侵入性工业,提供街道家具、公共厕所、避难所、清晰的标志、空间外壳
包容性 (Inclusive)	自有、开放、包容地欢迎所有人	所有人按性别、年龄、种族、残疾分列的;人人享有平等机会;鼓励参与公共生活;为年轻人开展青年活动;无限制

---

① Brook Lyndhurst, *Liveability and Sustainable Development: Bad Habies and Hard Choies*, London: ODPM, 2004, p. 125.

② Matthew Carmona, Claudio de Magalhães, and Leo Hammond, *Public Space: The management dimension*. London and New York: Routledge Taylor & Francis Group, 2008, p. 15.

续表

质量要素	内涵	
可行活力（Vital and viable）	积极、欣欣向荣	没有空置或遗弃的地点，空置或封闭建筑物，鼓励多样性用途，会场、动画、游乐设施的可用性，促进与空间的互动
功能性（Functional）	无约束功能	房屋兼容用途，活动，车辆或行人关系，提供方便维修、保养，无街道停车滋扰
独特性（Distinctive）	积极的、可识别的角色	地点和特征的可意向性、积极的氛围、刺激性声音、触觉和嗅觉、强化历史的或现有特征、真实的、有个性的
安全性（Safe and secure）	给人的感觉安全可靠	降低车速、行人和骑行者的安全、街道犯罪率和反社会行为降低、光线充足、视线良好、有权威人士、安全感
自动化（Robust）	经得起日常使用的压力	高质量的公共领域、不可重复挖掘、可复原的街道设施和路面、界限、软环境景观、街道家具、维护良好的建筑物、适应性强、多功能空间
绿色环保（Green and unpolluted）	健康自然	更好的公园和开放空间、绿化空间和建筑物、生物多样性、未受污染的水资源空气和土壤、亲近自然、没有车辆排放污染物
心理满足（Fulfilling）	主人翁感和归属感	给予人民利益（单独或集体），培养自豪感、市民意识、自我展现的机会

"规划管理者的责任是创造'响应性'（responsive）的，即根据使用者的需求设计和管理的公共空间。"[①] 这些城市公共空间的设计原则对我们理解城市公共空间的基础属性有启发意义，即城市空间只有首先在物理形态上达到了特定要求，才具有了从属于公共空间范畴的资格，这也构成我们进行城市公共空间治理所要关注的一个重要方面。

---

① 陈竹、叶珉：《西方城市公共空间理论——探索全面的公共空间理念》，载《国外规划研究》，2009年第6期。

二、超越物质性：多重维度下的城市公共空间及其公共性

城市公共空间除了具有建成环境的物质属性，也蕴含着一系列复杂的政治、经济、社会、文化乃至符号意义。空间被附以"公共"的词缀显然离不开人文学科的再概念化工作。也就是说，对城市空间上蕴含着的社会性存在加以认识就形成了人们理解城市公共空间的再认识过程。当然，这一"公共化"的过程也只是近代社会的事，原因就在于社会科学中关于政治和社会观念的极大变迁。这种变迁显在地将关于"公共"的知识附着在城市空间的每种形态上，其中首先涉及的是那些开放的供众人使用的所谓公共空间。

公共空间的概念化自20世纪50年代后开始沿这条路径推行下来。首先，在社会学和政治学的诸多论著中，从社会及其结构所展现的某种立体化印象开始，公共空间被用来描述集体行动的样态，随之以开放、平等、参与、共享、自由等现代社会的价值追求来作为这些集体行动的规范性准则。20世纪60年代开始，以芒福德（Lewis Mumford）和雅各布斯为代表的城市研究的人文学派开始将这种公共的规范性准则引入到城市建筑和规划的研究当中，由此也引发了不同学科城市研究的共鸣。人们发现，原来冷冰冰的城市建筑也可以以一种活生生的方法加以研究。最终，至20世纪70年代，"公共空间"作为一个专门性的研究议题开始确立下来，并明显添加了许多人文色彩在它的内涵之中。

应该说，城市公共空间这一概念出现于西方国家并非偶然，它是西方国家社会和城市发展过程中特定阶段的必然产物，是与社会转型和变迁的大背景相适应的。在社会层面，"二战"后以美国为代表的西方国家迎来经济发展的又一次高峰，加之福利和国家干预的增加，所谓中产阶级社会的快速增长，使得西方社会多元化加剧，平等民主的市民意识开始觉醒，各个层面和领域以推翻社会不平等为诉求的"平权运动"不断

上演。以美国为代表，此时暴发的多地大规模城市运动就是平等、民主、自由的市民权利的追求，这些观念也自然而然地占据了城市学家们对城市生活的观察。特别是城市公共空间所展现的进出自由、平等身份的特质，这些特质也与西方日益突出的社会不公现象相匹配，比如学校、公园、图书馆中出现的种族隔离。城市公共空间概念的产生也与社会分化加剧有关，城市空间层面伴随经济社会的结构转型，城市空间也发生了深刻而快速的重构："一方面，由于大规模基础设施建设和城市中产阶层的郊区化居住趋势，城市空间出现了前所未有的空间扩张和分散化现象；另一方面，大量的城市人口外迁以及不同阶层空间区隔的加剧带来了日益严重的社会分化和城市中心区的衰败。"[①] 这两个层面的变迁相互影响，彼此推动又彼此展现，城市社会结构的变迁迅速地在城市公共空间中生成，城市空间结构的变迁又进一步加化了人们对社会分化、不平等等问题的感知强度。由此，规划意义上的开放和审美空间开始有意识地同"市民空间""公民空间""自由空间"等人文概念结合起来。"公共空间"的概念开始以更加人文的方式被界定，在经济学、社会学、政治学以及文学等多学科共同关注下，新的文化意识被注入城市空间的物质形态。

因此，原本似乎是建筑师和规划专家手中把玩的"城市公共空间"开始展现出它的多面特性，开放与审美的物质特性又蕴含着政治、经济以及文化因素，多重维度下的城市公共空间不断添加进来，而关于其"公共性"的讨论也成为核心议题之一。

（一）作为公共物品的城市公共空间

在经济学领域，城市公共空间（如城市公园）很早就被作为说明公

[①] 陈竹：《什么是真正的公共空间？——西方城市公共空间理论与空间公共性的判定》，载《国际城市规划》，2009年第3期。

共物品属性的一个例证，如萨缪尔森早在20世纪50年代就指出城市公共空间的公共物品属性。公共物品是以微观经济学为基础的公共选择学派的基础性概念，即私人物品和公共物品的区分。通过与私人物品比较，公共物品之所以为公共就在于它出现了与私人物品的排他性和竞争性相对的属性，即非排他性和非竞争性。其中，排他性往往指的是某种物品或服务如果被一个人消费就同时会排除其他人来消费这种物品，而竞争性则主要指物品或服务被一个人消费的同时就减少了这种物品被其他人消费的数量。而非排他性和非竞争性正好与之相反。理论意义上来说，兼具非排他性和非竞争性的物品都是所谓的纯公共物品，即与私人物品严格对立区分的公共物品，如环境、国防等，纯公共物品原则上只能由国家或公共组织来提供。当然，并非严格恪守这两个特性的才能称之为公共物品，还存在介于私人物品和纯公共物品之间的状态，即准公共物品。准公共物品通常是非排他性和竞争性的，或者是排他性的和非竞争性的，通常可以从政府或市场获得。城市公共空间属于准公共物品的范畴，其可称为公共空间的原因在于其公共物品属性。

——非排他性。开放性一般是城市公共空间物理属性的一个显著特征，但除了物理边界意义不设围挡或障碍以外，其非排他性还可以表现在多个维度：（1）城市公共空间往往是产权意义上公有空间，归全体市民所有，由全体市民共用，名义上对所有市民开放。（2）城市公共空间在使用权限上是一种自由空间，任何一个在公共空间中活动的人都不能限制其他人在该公共空间采取的自主活动，城市所有居民都能够享受这些公共活动场地。（3）城市公共空间作为一种环境资源和空间资源，是一种普遍享有的公共资源，建成环境并不特定服务于某些社会成员，而是使所有周边甚至更大范围的市民受益。也就是说，城市公共空间代表着公共利益。

——有限的竞争性。所谓有限的竞争性，往往是由于物品自然属性而非人为制度安排造成的竞争性。空间是有明确的范围界限的，即容积、容量，因而只能承载特定数量的人口和活动，当空间使用者的密度达到一定界限就明显表现出拥挤性的特征，所有使用者的空间占有都将减少。因而，空间所表现出来的有限的竞争性，往往可以表述为拥挤性。城市公共空间显然是一种拥挤性的公共物品，特别是在人口密度较大的城市当中，往往由于土地资源的稀缺性而加剧了公共空间的拥挤程度。一方面，城市公共空间作为特定用途的土地属性已经加以限定，非特殊原因此土地的用途不能再被用作其他用途，也就是排挤了非特定公共用途的使用者。另一方面，当城市公共空间的个人消费达到一定规模，其原来应表现出来的开放、审美等特性反而会被拥挤不堪、肮脏、噪声、低质量的社会生活方式所取代。因而，有限的竞争性是城市公共空间具有不同于其他空间形态的典型特征，也是理解城市公共空间治理要重点关注的属性。

——复合外部性。无论是私人物品还是公共物品都存在外部性特征，即一个人或一群人的使用对其他人获益或者是受到损失的情况。正外部性是个人为其他人或社会造福的活动，受益人不用付出代价；负外部性是指导致他人或社会受到损害的个人的行为，但导致负外部性的人则没有因为这种结果而付出成本。公共物品同样具有外部性，但是公共物品往往具有明显的正外部性特征。比如城市公园、水系等环境优雅的公共空间区域往往使周边居住人的居住环境得到改善，周边居民可以较为容易地获得更宜居的活动空间，在商业市场上此类公共空间旁的地段也往往因为是"黄金地段"而成为价值高增长区域。一些公共服务设施所在的公共空间也具有明显的正外部性，如图书馆、博物馆等。但是，城市公共空间也并非完全是正外部性的公共物品，有些类型的公共空间也往往具有负外部性，如菜市场、购物街道等城市公共空间周边居民有时却需要忍受拥挤、喧闹、治安环境不佳等问题的困扰，甚至出现"逃离"这个区域的社会选择行动。再比如一些公用设施，如交通枢纽、大型文体设施、市政设施周边存在噪声、垃圾和光污染以及潜在辐射等危害因素。因此，城市公共空间的外部性并不能以简单思维加以理解，城市公共空间也并非是完全善的存在，质量差的公共空间反而具有极强的负外部性，如环境治安差的公园反而给周边居民带来危害。

因此，理解作为公共物品的城市公共空间需要复杂思维。首先，城市公共空间具有差异性极大的公共功能。公园就可分为免费和收费公园两种，也就存在无准入限制的开放式公共空间和设限的开放式公共空间之间的差别。例如，在有些城市，部分公园属于开放型的，政府对这些公园的建设和后期维护投入了大量补贴；而另一部分公园却要求公众花费较多钱财来买票才能够进入。

其次，城市公共空间的开放性受到多重因素的制约。一是在使用者范围上，公园、广场等名义上对全体市民开放，任何市民只要愿意都可以自由进入并活动，但封闭小区中的绿地广场则只允许本小区居民享有，再如学校、机关单位中的公园绿地广场往往也只允许本单位人员进入活动。

再次，公共空间与私人空间的界限有时并不十分清晰。例如，社区居民在购买房屋的同时也购买了对于公共空间的使用的权利。在此种情况之下，公共领域与私人领域呈现出互相作用和重叠的关系，并且它们不是可以明确定义的类型。特别是在当下，城市普遍推行房地产开发的公私合作伙伴关系，如开发商配建小学、图书馆等设施，小区中建设停车场、商业街道等，都使公私产权边界模糊化。

最后，城市公共空间的公共物品属性具有明显的区位性特征。以公共空间为中心，其外部性随着向外推进的距离的增加而不断衰减。比如，离公园越近的居民，前往公园活动所要付出的成本就越小，包括时间成本和通勤成本等，使得他们使用的机会和频率显著地高于距离远的居民。但公园等城市公共空间的开发建设又服从于"整体税收"原则，即由全体市民负担开发建设的成本，却最方便周边居民使用这些公共空间的设施。这就是作为公共物品的城市公共空间所具有的复杂性属性，决策者在进行城市公共空间建设、开发、维护等工作时也必须予以高度关注。

(二)作为社会交往场所的城市公共空间

20世纪60年代以前,以美国为代表的西方发达国家城市建设与发展基本遵从的是《雅典宪章》①奉行的功能理性主义城市规划思想。《雅典宪章》对城市规划的指导性意见集中体现于两个方面,一是功能分区的思想,二是高度集约化的空间利用与开发。但是对于城市公共空间,功能理性主义城市规划带来了一系列负面影响。一是城市公共空间的功能趋于单一化。居住、工作、休憩和交通是《雅典宪章》设想的城市功能的四个方面,而伴随功能划分的是功能分区的设计,这样城市日常生活的微观方面被人为地设计成相对集中的四种功能,而形成对其他功能形式的排挤。休憩作为城市公共空间的主要功能得以保留,而其他诸如城市文化、邻里社区等所谓的软功能不断丧失。二是城市空间的碎片化不断加剧。原有具有复合功能的城市公共空间逐渐被分工明确、功能单一的类型所取代,高度集约的高层建筑使人们的居住和工作交往被隔离在一个个狭小的私人空间中,邻里街区不断被商业规划所取代,人们想寻找适合活动的公共空间愈发困难。

1977年《马丘比丘宪章》的签订标志着国际建筑和规划学界对功能理性主义城市规划思潮的反击。如果说《雅典宪章》最终形成对物化城市的追求,那么《马丘比丘宪章》将理想城市的设计重新回归到了人。与《雅典宪章》不同,《马丘比丘宪章》更加强调人的相互作用与交往是城市存在的根基。城市规划与居住区的设计要符合这一现实,要保证争取获得生活的基本质量和自然环境的协商。城市建设和规划应当增进人之间的宽容和谅解,要为不同的社会阶层选择合适的居住区位置和设计

---

① 《雅典宪章》是1933年国际现代建筑协会在雅典会议上制定的一份关于城市规划的纲领性文件,它集中反映了当时"新建筑"学派,特别是法国的勒·柯布西耶的观点,被认为是功能理性主义城市规划的代表性成果。

方针来满足不同人群的需求。

实际上，对城市规划只关注物的形态和属性而忽视人的因素，早在 20 世纪 60 年代雅各布斯在《美国大城市的生与死》中就予以重点关注了，其中关于城市公共空间的论述使人们认识到作为社会交往空间的城市公共空间的存在价值。雅各布斯对城市公共空间的突出强调缘于她对战后大规模城市重建、城市扩张、空间郊区化、城市蔓延等城市发展态势对原有城市文化和城市社会结构的冲击破坏的观察。在她看来，城市公共空间就是那些具有活力的城市街道和城市肌理，现代城市建设和规划在破坏了传统建筑的物质形态的同时，也破坏了它的社会价值。必须倡导城市"公共空间"的发展，利用公共空间作为促进城市发展和社区建设，形成良好的社会互动、重塑城市活力的关键点。随后，不同学者也从不同角度论述了城市公共空间所具有的维系个人和群体社会关系的价值，这被认为是对城市公共空间的重新认识。原有的城市中缜密的城市肌理被再一次引起重视，也被 20 世纪 70 年代的主流规划意识逐渐接受，成为后现代城市规划概念的重要组成部分。

对城市公共空间从物的属性到人的属性的回归，直接引发了人们对城市公共空间作为社会交往场所的无限遐想。总结来看，作为社会交往场所的城市公共空间体现了以下几个方面的内涵：

第一，城市公共空间是城市社会融合的重要场所和渠道。城市公共空间的价值不仅源于物化的审美和休憩功能，更来自于它的存在能够促进城市中不同社会阶层或团体之间的交流、融合和相互理解。社会活动发生于城市公共空间当中，这又是社会成员可以展示自己并相互理解的重要渠道。包容性和多元化是形成社会之间的理解、实现社会共识、推进社会和谐的基本路径，是城市活力的主要源泉。因而，城市公共空间不仅是一种从属于娱乐化生活的存在，更具有不可替代的社会整合功能。正如雅各布斯所说的，美国城市的衰落正是城市公共空间不断衰落的结果。

第二章 城市公共空间的属性及其意义

第二,城市公共空间是对抗功利和消费主义主导的城市生活的重要途径。在资本驱动和科技理性至上的城市无法建立积极的物质空间之上的社会联系,当城市被钢筋混凝土式的建筑包围,城市成为一个弥漫着"陌生人"氛围的、越来越原子化的生活场所时,公共空间作为城市公共社会交往场所的重要性就愈发显著。"人们相互接触和交往发生的地方,是城市中最重要的部分"。公共空间是"人们进行功能性或仪式性活动的共同场所,无论是在日常生活或周期性的节日中,它使人们联合成社会"。[①] 因此,城市公共空间的根本意义不在于其所展现的建筑形态或景观样式,而是其中所容纳的丰富的甚至充满差异的城市生活。

第三,城市公共空间是包容差异的容器。随着社会发展,多元化趋势在城市生活中愈发明显。价值多元使得评判行为和利益的正当性变得十分困难,社会道德标准渐趋多样,城市公共生活也在差异和无法相融的价值准则面前慢慢丧失。如果无法将差异融合为包容,无法将私人生活融合进集体行动,那么私人空间的扩张将是无法阻挡的趋势,城市也将变成没有活力和集体意志的私人住宅,奥尔森(Mancur Olson)所说的"不可治理"的局面就会形成。城市公共空间为打破社会分化所带来的差异分歧提供融合机会,也为容纳丰富和多元的城市生活提供被理解和接受的场所。因而,城市公共空间是否能彰显市民平等身份及容纳多元的有价值的生活方式就成为关键之处。[②] 在当今时代,城市作为一个吸纳人口的聚集体,承载着不同种族、民族、文化信仰、年龄、阶层和偏好的社会成员共同生活于一个城市空间之中,"差异性"就是城市品质的固有属性,城市公共空间的重要意义就是它可以为社会个体的相互了解、交流和融合提供机会。通过城市中的公共互动,它突破了建立在亲密共性上的个人身份,为人们在复杂的城市生活中形成更广泛的社会关系和重

[①] 陈竹:《什么是真正的公共空间?——西方城市公共空间理论与空间公共性的判定》,载《国际城市规划》,2009年第3期。
[②] 刘兆鑫:《城市公共空间的本质及其拓展目标和工具》,载《城市问题》,2010年第8期。

塑个人身份提供了无限的可能性。

第四，城市公共空间是社区交往的营造空间。社区作为城市的基本单元，承载着社会自治的主要活动，因而脱离了物质形态的社区公共空间开始被作为可以加以社会化的营造空间来对待。对于社区公共空间营造，首要目标就是打破城市中个体和家庭的私人属性的封闭性，建立以共同性、公共利益为基础的邻里交往关系，以及个体归属感的社区存在意义。其次，就是在于创造能吸纳异质的社会人群进入，从而促进社区多元化活动的有效开展的基础。其实质就在于促进社会资本在社区层面的孕育和增长，从而形成城市社会治理的良性结构。正如帕特南（Robert D. Putnam）所说的："如果美国人不再愿意把闲暇时间用在与邻居一起喝咖啡聊天，一起走进俱乐部去从事集体行动，而是宁愿一个人在家看电视，或者独自去打保龄球，……意味着美国社会资本的流失，造成这种现象的原因可能是复杂而不易确定的，但后果却是明确的，那就是公民参与的衰落。"① 显然，城市公共空间对社会资本的形成和积累具有十分重要的作用，这种作用不仅在社区层面，可能在整个城市的空间结构层面都具有类似的意义。

（三）作为公共领域的城市公共空间

"公共领域"（public sphere）是政治哲学研究领域的重要词汇，随着阿伦特和哈贝马斯对公共领域问题富有创见性的研究，城市科学研究者也开始将公共领域概念引入城市公共空间的研究，以公共领域的特质来衡量城市公共空间的价值。阿伦特从人之所以为人的条件出发阐述了公共领域存在的必要性，她认为人不是生活于私密空间中的独居动物，人的价值只能在公开活动中才能体现，公共领域就是人体现自身价值的场

---

① ［美］罗伯特·帕特南：《独自打保龄：美国社区的衰落与复兴》，刘波等译，北京大学出版社2011年版。

第二章　城市公共空间的属性及其意义

所，而当公共领域不复存在，"当人们只从一个角度去看世界，当人们只允许世界从一个角度展现自己，公共世界也就走到了尽头"①。哈贝马斯则赋予了公共领域以抵制极权政治的功能，在公共领域内借由市民公开商谈、辩论、讨论所形成的公共舆论是政治合法性的基础，开放的、不受限制的交往空间是形成公共领域的前提。在此基础上，学者们也将"可见性""可达性""集体性"等作为界定城市公共空间的标准。②

城市公共空间与公共领域的联系并非偶然。在社会学家眼中，传统城市中的各种公共空间形式，如咖啡馆、剧场、广场，甚至是街边小摊，都是公共舆论形成的重要渠道，是公民进行无主体交往的主要渠道，这种交往潜移默化中正在塑造一个社会对国家和自身的管理。因此，"一个能容纳公开的、多元的社会交流的公共领域对于形成促进社会和谐和形成一个健康的民主政体至关重要"。③ 反过来，如果这种活动不复存在了，那么民主政治的活力也就丧失了。而在城市学家那里，阿伦特和哈贝马斯所说的公共领域正是基于特定形式的公共空间的物理形态而生产的，他们自然而然地将社会科学家所勾勒出的公共空间所应表现的特质应用于对城市公共空间的设计上来，如探讨城市公共空间本质意义的理论基础。卡尔（S. Carr）在探讨公共空间的意义时指出，人的日常生活可以分为公共生活和私人生活，而公共空间中的社会交往能帮助人获得两者的平衡："我们认为，一个健康的生活包括公共和私人体验的平衡……公共空间使人们在每日生活中发生的偶然接触中（不自觉地）形成同社会的联系并使生活具有意义。"因此，在公共空间中"公共生活的质量以及它所服务的公共目的是最重要的"。④ 由此，作为政治生活的物质平台的城市公共空间成为理解其本质属性的理论渊源，甚至于城市公共空间本身

---

① ［美］汉娜·阿伦特：《人的条件》，竺乾威等译，上海人民出版社1999年版。
② 刘兆鑫：《城市公共空间的本质及其拓展目标和工具》，载《城市问题》，2010年第8期。
③ 陈竹、叶珉：《什么是真正的公共空间？——西方城市公共空间理论与空间公共性的判定》，载《国际城市规划》，2009年第3期。
④ S. Carr, *Public Space*, Cambridge: Cambridge University Press, 1992, p. 84.

就应该是一种物质性与社会性共存于一体的公共领域，有识公民的政治社会化活动是其存在的根本理由和发展动力。

公共领域的概念引入对城市公共空间本质属性的观察与当时社会政治发展的态势密不可分。正如哈贝马斯在《公共领域的结构转型》中分析的，在消费文化主导社会行动的时代里，被广告洗脑的市民关心的是物质消费，而不是以往大家关心的公共生活，更不用说进入公共空间讨论和传播对公共事务的见解和争论。社会科学家对这一社会结构变迁的观察对城市研究者有极大的启发意义，使他们认识到那些不太引人注意的城市公共空间的衰落及其上所附着的公共领域的衰败，这也被称作后现代主义城市面临的困境之一，城市公共空间正经历多维推力的挟持，变得越来越不像公共空间了。一方面，金融资本驱动的城市正不断侵蚀城市公共空间的存在理由，城市公共空间在质与量上都出现了大幅度的缩减，要求保卫和拓展城市公共空间的呼声高启。另一方面，工业文明下的功能理性主义规划似乎不可避免，从乡村到城市，我们在感慨城市如此现代、如此时髦的同时，却发现城市的阶层分化和社会隔离也正在不断加剧。还有，公共舆论的形式和内涵都产生了显著的变化。最初发生在公共领域的许多社会活动已逐步转移到了私人领域。人与人之间的冲突正不断加剧，而化解冲突的传统机制却正在失去效力。

（四）城市公共空间的"公共性"要求

综合上述理论分析来看，无论从公共物品，还是从社会交往空间，抑或是公共领域的概念来引申城市公共空间的本质及其属性，这个由"公共"和"空间"复合而来的名词显然并不只有简单的内蕴。这些指向无疑都是将目光从盯着"空间"转向了盯着"公共"、解释"公共"。相应地，对公共的解读自然离不开社会科学，特别是政治学、社会学的理论逻辑。从社会—政治的角度界定城市公共空间的特质，随后引发了城市研究者的进一步追问，即如何更加精致地描述清楚城市公共空间这个

"公共"的意蕴，也就是其公共性该如何来评价和判定。按照已有研究，可以借用归纳出公共空间的"公共性"要求（见表 2.5）。

表 2.5　城市公共空间"公共性"要求①

主要因素	公共性要求
制度与机构因素 所有权 经营者	公共所有权 公共机构所有 由公共机构管理控制，即对空间的管理能代表公共利益
可达性——适合所有人 空间的实体可达性 吸引因素 可达的成本	允许不同人共存 所有人可以轻松地进入 体现在空间中可以容纳的最大数量的使用者 不同人进入的成本相同，包括时间和金钱
可达性——对所有活动 活动的多样性 空间的管控	允许不同的社交活动 能容纳不同的有助于社会活力的多元的社会功能 对空间进行管理的唯一目的是保障大多数人对空间的使用 可以适应不同的社会功能，有助于提升社会活力 管理空间的唯一目的是保护大多数人使用空间
空间的意义 空间意向 利益	代表所有人 象征意义是能代表大多数人 最终意义是服务于所有人，并有助于产生持续发展的集体价值

总体来看，学者们对城市公共空间的公共性仍存争议，但随后的进展显然倾向于一个相对接受度更高的概念——"可达性"（accessibility），即城市公共空间允许人们进入的难易程度。卡尔对此有高度概括，他将公共空间定义为"开放的、公共的、可以进入的个人或群体活动的空间"。公共空间能被人使用首先在于它可以允许人进入的特征，也就是可

---

① 陈竹、叶珉：《什么是真正的公共空间？——西方城市公共空间理论与空间公共性的判定》，载《国际城市规划》，2009 年第 3 期。

达性。他进一步将"可达性"归纳为三个方面:"视觉可达性(visual access),即空间在视觉上具有可辨性和视觉舒适感;象征可达性(symbolic access),即空间对观察者产生空间含义上的吸引力;实体可达性(physical access),即空间是否方便人进入。"①

卡尔所界定的"可达性"实际上只是一种距离上加以判定的可获得或可进入的远近关系,显然比较侧重公共空间作为物质空间的属性。视觉可达性即眼力之所及的范围,象征可达性即审美或功能的吸引力范围;实体可达性即障碍的有无或方便程度。而实际上,从前述分析中我们应该可以得出基本判断,城市公共空间的"可达性"特征除了物质特性外,更应体现社会政治意义上的"可达性":

首先,城市公共空间要具有"可进入性"。社会成员可以平等地进入城市公共空间,也就是不具有排斥性。实际上,排斥的发生可以是物理性,如城市公共空间被设计成建有围墙和门禁的封闭空间,虽然名义上对全体市民开放,但可以通过关闭进入通道的方式排斥进入,如某大学是否允许市民进入赏樱花的社会讨论就是一典型案例,虽然社会普遍认为公立高校应对社会开放,但高校可以通过各种方式禁止非本校人员进入。排斥的发生也可能是制度性的,比如门票制度,门票本身就可以排斥一部分无收入者进入,而门票的高低可以形成对社会成员进入权限的市场筛选机制,特别是有些城市景观设置了高额门票后,事实上形成了对低收入群体的排斥。一些城市景区实行双轨门票,即对本地市民免费或征收低价门票,而对外来旅游者征收高额门票,就体现了利用制度在城市公共空间和商业旅游景区之间来回切换的方式。

其次,城市公共空间应该具有"公开性"。城市公共空间理应是公共互动的空间,尽管在城市公共空间进行社交活动往往由大量的私人活动所构成,但这些活动不应该是封闭的、隐秘的,而应该是能够被公众所

---

① 陈竹、叶珉:《什么是真正的公共空间?——西方城市公共空间理论与空间公共性的判定》,载《国际城市规划》,2009年第3期。

感知、所体会的公共活动。增强城市公共空间的公开性就意味着空间中的各种活动必须能够接受公共舆论的检视，形成所谓"光天化日"的社会规范机制，任何不被社会公序良俗容纳的行动都可以通过公共空间的途径加以甄别。在社区公共空间层面，公共空间的公开性也意味着社区事务或公共事务的治理过程是向全本社区居民开放的，社区事务的运行状况和信息也应该是可以被获取的，社区公共服务设施应该是允许全体成员共同使用的。实际上，其他类型的城市公共空间事实上也应体现公开性的属性要求。

三、公共秩序：作为社会空间统一体的城市公共空间

总体来看，对城市公共空间的界定从物理属性向高举"公共性"旗帜的过渡使我们更加全面地认识城市公共空间的本质，并为提取城市公共空间的治理要素提供素材。而社会空间辩证法的引入，则使研究进路继续前行。正如麦丹尼波尔（Ali Madanipour）将城市空间划分为"建成空间"（built space）和"社会空间"（social space）①，前者是物质性的，而后者是社会性的。城市公共空间研究从关注空间的物理属性到关注空间的社会属性的转变充分印证了空间这一两重属性。20 世纪 80 年代以来，社会科学的"空间转向"激发了各个学科对空间和社会问题的研究兴趣，而社会空间辩证法的引入为我们重新认识城市公共空间的属性提供了新的机会和方法论。

（一）社会空间辩证法：一个简要引介

社会空间辩证法（socio-spatial dialectic）是 20 世纪 70 年代社会科学

---

① A. Madanipour, *Design of Urban Space: An Inquiry into a Socio-Spatial Process*, New York: John Wiley & Sons, 1996, pp. 2 – 10.

"空间转向"中诞生的核心概念和方法论,由爱德华·索亚(Edward Soja)完整地提出。他对社会空间辩证法的归纳有两个重要来源,一是列斐伏尔的"空间生产"理论,二是哈维的"社会过程—空间形式"理论。列斐伏尔始终强调不能将空间作为物理容器,也不能将社会空间视作静止的抽象容器,它本质上体现着社会生产关系的生产和演变。"我想要证明的是这样一种社会空间:不是由一堆事物的堆积,也不是一些数据的堆积,更不是各种各样内容充斥的包裹,它也不可能被归约为由现实事物、物质性强加的一种'形式'。"列斐伏尔将物理空间、精神空间和社会空间三个领域结合起来,彼此缠绕,不可或缺,组建成空间三元辩证法。① 同样在反思社会与空间关系的基础上,哈维提出了"社会过程—空间形式"的概念,以表示社会—空间的辩证统一性。"在很大程度上,如果不是在现实中,那就是在我们的思想上认为社会过程和空间形式存在差别……现在正是弥补这显现得不同的两种(事物)和矛盾的分析模式之间的思想裂痕的时候……在社会过程与空间形式之间的区别常被认为是幻想而非真实,但是在后几章这种区别在不同的意义上讲是不存在的。空间形式并不是被视为它所处的并展现它的社会过程中的非人化客体,而是'内蕴'于社会过程,而且社会过程同样也是空间形式的事物。"②

索亚进一步对社会与空间之间的复杂关系进行梳理总结,从而系统地提出了"社会空间辩证法"的方法论概念,用以表述生产方式、社会关系与空间关系之间的逻辑思辨关系。他认为,空间具有双重性质,既是社会实践和社会关系的结果和产物,同时也是社会实践的重要前提和中介。生产方式的确立服从于人们劳动的基本目的,生产方式直接决定了社会关系与空间关系,各种社会关系与空间关系具有辩证的交互作用,

---

① Henri Lefebvreh, *The Production of Space*, Translated by Nicholson Smith D., Oxford: Blackwell Ltd, 1991, p.7.
② D. Harvey, *Social Justice and the City*, Oxford: Blackwell Ltd, 1988, pp.9-10.

即各类错综复杂的生产关系可以形成空间，同时也在一定程度上被空间影响。空间服从于人类劳动的目的，由社会关系生产，并不是具有构建法则与独特演变机制的独立结构，而是与社会关系相关并在一定程度上可能会对社会关系造成限制与影响。[①]

如果对社会空间辩证法加以简单化处理，我们可以用一句话来概括，即社会关系决定空间形态，而空间又反作用于社会关系的生产和再生产，其核心思想可以概括为这样一种逻辑递进框架：

第一，社会关系塑造了实体空间。建成环境等实体空间并不是杂乱无章的客观事物，它的形态具有规律性，而支配其形态选择和变迁的正是人类在生产、生活和交换中结成的各种社会关系，就如皇城为什么总是建在城市中心，再如法官的位置普遍高高在上一样，这些都是为了突出权力中心而在空间位置予以重点显示所必须要求的结果，也就是社会建构出的空间上的重要位置对应着社会关系中的重要主体。

第二，实体空间反映了社会关系的生产。实体空间受社会关系的影响，同时也朝向有利于生产这种社会关系的方向发展，即维护、巩固或延续这种社会关系的形态。城市空间分异现象就与社会生产生活结构密切相关，因而城市空间布局并非简单地出自城市规划的理性操作，而是社会成员集体选择的产物。比如，居民职住分离的情况在现代城市中普遍存在，而其成因就与就业人员及其收入结构高度相关，即就业地往往基于市场交易便利而趋向于土地价值高的地区，而职工居住地的选择则受到购买力的限制，从而偏离就业地。

第三，实体空间制约社会关系的再生产。社会关系会通过实体空间的形式得到强化，即社会关系的再生产。越是在空间结构中居于中心位置的个体或组织，越容易吸纳资源向其聚集，从而使其与处于边缘位置的个体或组织竞争时处于优势地位，即通过空间的结构性安排保持特定

---

① 孙斌栋、魏旭红、王婷：《洛杉矶学派及其对人文地理学的影响》，载《地理科学》，2015年第4期。

社会关系的继续维持。也就是说，通过特定的实体空间的结构安排，既定社会关系可以或者说更有利于朝向进一步巩固的方向发展，甚至形成代际传递。在这里，空间不仅表现了社会关系，也再生产了社会关系。所谓"龙生龙、凤生凤，老鼠的儿子会打洞"，其形成机理有相当一部分就与空间生产和再生产有关。在更宏观的层面上，空间安排成为建构或解构社会关系的重要途径，维护特定社会关系往往要借助于特定的空间安排，而反过来，要改变特定社会关系也可以通过调整空间安排的方式进行，比如通过移地搬迁来阻断贫困人口的代际传递。

（二）城市公共空间的社会空间辩证分析

在社会空间辩证法的观察之下，我们可以发现，城市公共空间的运行受到社会关系的直接影响。一定程度上来讲，城市公共空间的形态、结构和质量是当时城市生产生活关系的一种反映，而同时，城市公共空间又反作用于城市社会关系的生产和再生产。

1. 城市公共空间是可供分配的社会价值

从物理属性的角度来看，城市公共空间本身具有用于分配和再分配的社会价值。在现代社会，城市公共空间，特别是优质的景观公共空间，除了具有可供社会普遍享有的审美、游憩价值以外，其也对周边地段形成价值辐射。具有某种功能的城市公共空间，如具有交通功能的街道和车站枢纽、具有环境功能的森林绿地、具有商业功能的步行街等，往往在城市中具有开发价值，能够带动周边土地升值或者提升人们的生活品质。从整体上来看，一定规模和秩序井然的城市公共空间也是城市宜居性和竞争力的体现。"从经济的角度来看，城市公共空间能够对资产价格形成积极影响，有研究表明甚至能拉高34%的不动产价格；城市公共空间有利于商业发展，一些案例中，能促进增长40%的商业交易；城市公共空间能提升土地价值和投资水平；能够显著提升区域经济绩效。"①

城市公共空间的享有、消费和使用显然要受到特定分配关系的制约。在市场经济条件下，这种分配同样受到价格机制的影响。也就是说，虽然城市公共空间具有典型的"公共性"特征，但其开放性、可达性、平等性要求同时受到市场分配的制约。比如，虽然我们可以消除公共空间准入的物理障碍，但价格机制却可以形成准入限制的人为障碍。弗斯汀（Susan S. Fainstein）在《公正城市》中关心一类城市问题，许多以公共设施的名义兴建的场所，如体育场、音乐厅，最终通过价格对低收入人群形成了排斥，使他们无法平等享有这些公共空间所带来的好处。② 可以说，市民享有城市公共空间的分配关系是城市分配关系的一个缩影，也蕴含着不同社会阶层社会成员空间消费上的能力差别及其再分配的问题。因此，城市公共空间的开放性、可达性等物质的和社会的属性要求集中体现了城市社会结构的基本形态。

2. 城市公共空间的形态随政治社会变迁而变化

社会空间辩证法已经告诉我们，空间形态最终还要受到社会关系的支配，呈现某种符合特定政治社会环境的结构性需要的内在规定。城市公共空间的形态不是一成不变的，它总是要服务于特定历史时期的政治任务、社会需求或者文化取向，并且呈现出与某种政治的、经济的和社会的制度相适应的特征，就比如中华人民共和国成立后，服务大众民主的需要而大量兴建的城市广场，再比如改革开放以来，城市政府为强化资本吸引和提高城市软实力而全国性开展的"形象改造"计划。所以，城市公共空间往往朝向与特定政治社会体系相适应的空间形态发展，同时又标示了某种政治社会文化传统的符号特征。

---

① Matthew Carmona, Claudio de Magalhães, and Leo Hammond, *Public Space: The management dimension*, London and New York: Routledge Taylor & Francis Group, 2008, p. 7.
② Susan S. Fainstein, *The Just City*, Ithaca: Cornell University Press, 2010.

3. 城市公共空间是社会实践的产物

城市公共空间不仅是权威规划的设计结果，更是广大社会成员丰富的社会实践的产物。公共空间的意义既体现于其作为承载社会实践的容器功能，也体现于社会成员通过实践改造空间形态的主观能动性。

首先，社会实践赋予城市公共空间特定的功能属性。权威规划可以决定城市公共空间的功能定位，确定其基本用途，但最终公共空间呈现何种形态、发挥何种功能却是由不断强化的集体行动所赋予的。最典型的如政府开发建设的公园绿地，既可以被市民用作休憩场所，但有可能随着在此相亲的人越来越多而转变为远近闻名的集体征婚场所，再如设计整齐的街道沦为私人停车场或街头摊贩的聚集地，更有甚者，街心公园还有可能被开发成为一块块私家菜地。因而，城市公共空间就被各种潜在的、外显的社会行动所建构了。其中，社会成员既可以服从权威安排，也有可能以实际行动抵制不恰当的环境设计，城市公共空间就是日常生活政治的产物。

其次，个体行为是城市公共空间的基本符号。我们经常说"公共场合，文明你我他"，城市公共空间中各种分散的、独立的个体行为不断标示着公共空间的整体印象。在公共空间的场域中，个体有进入的自由，也有活动的自由，承认和尊重个体性的利益和价值是空间"公共性"的重要体现。然而，个体自由从来都是有限度的，这个限度就是不妨碍其他个体对自由的追求。那么这个限度就构成社会秩序的存在理由，否则一切公共空间都将不断沦为私人权益张扬的试错场。社会秩序是城市公共空间的制度性建构，包括正式制度和各种约定俗成的非正式制度。比如，公共场合禁止吸烟，图书馆中不得喧哗，等等，这些都是市民个体进入公共空间所要遵守的基本公共秩序。自觉接受公共秩序并服从公共秩序的安排是个体获准进入公共空间的资格。因此，个体只有在社会秩序中获得社会角色，展示自己生存的社会意义，才有可能达到需要的最高层次。城市公共空间本质上就是社会秩序与个体自由的统一体。

4. 城市公共空间构成社会关系再生产的途径

通过公共空间，城市社会关系得到调解，这就是社会关系的再生产。城市公共空间的客观存在是社会关系良性调解的基础，是社会关系再生产的途径。原因就在于，公共空间作为物化的空间载体，承载人们的社会活动与交往，促成良好的社会秩序的形成。

其一，城市公共空间是维系社会关系和形成个体归属感的重要纽带。人类公共生活只有发生于公共空间之中才能产生维系关系的作用，即以公开的方法被全体社会成员感知、学习并内化为行动方式，最终形成基于地域空间的认同。这种认同小到社区邻里的家园意识，大到国土疆域之上的国家认同[①]，概莫如此。公共空间是"人们进行功能性或仪式性活动的共同场所，无论是在日常生活或周期性的节日中，它使人们联合成社会"。在公共空间中，"公共生活的质量以及它所服务的公共目的是最重要的"[②]。自工业革命开始，城市飞速发展引起了城市生活的异质性、密集性、流动性、匿名性相互碰撞和融合。这些为城市带来了较大的活力，也造成了人们之间的异化、漠不关心、差异和冲突等负面影响。所以，培养集体意识和集体记忆、通过长时间的日常生活实践和共同存在的情况来释放个体情绪的压力是非常重要的。城市公共空间通过其独特的空间位置和形式以及对公共活动的发展和激励，可以为公众提供舒适、安全的感受，并且提高社会凝聚力。公共空间的共同存在和互动是创造稳健和有吸引力的城市生活的重要基础。

其二，城市公共空间是促进社会不同阶层交流和融合的平台。现代

---

① 周光辉、李虎：《领土认同：国家认同的基础构建一种更完备的国家认同理论》，载《中国社会科学》，2017年第4期。作者在该文中提出基于欧洲国家历史形成的"民族认同"理论和基于美国多民族融合历史形成的"制度认同"理论都存在明显的局限性，因而构建了领土认同是国家认同的基础这个观点，无疑是对在空间维度解决政治认同问题的创造，对理解公共空间的政治意义会有所帮助。

② [英]马修·卡蒙纳等编著：《城市设计的维度》，冯江等译，江苏科学技术出版社2005年版。

都市社会有三个显著特征，美国芝加哥大学社会学教授沃斯（Louis Wirth）将之称为"城市性"（urbanism），即人口规模、人口密度和人口异质性。第一个是城市规模，城市人口规模越大，个体化和多样化的机会越多，人们之间的初级社会关系被竞争、理性的关系所取代，导致一种公共疏离感的产生。这种公共疏离感使人们难以在公共场所建立关系。为了应对人群的匿名化和多样化，人们变得警觉他人，变得更加封闭。第二个是人口密度，密度增加了人们彼此之间的压力，使得人和人之间的态度变得漠然和厌倦，他们只会"自扫门前雪"，慢慢到了不友好的状态。他们逐渐融入到自己熟悉的小世界里，这种方式使他们感到安全和舒适。第三个是人口的异质性。异质性会加剧我们社会的分化。经济权力（例如差别租金）和社会过程（例如种族和道德差异）的结合造成了区域的差异性，这让人们的活动在地理和功能上有所区别，形成了具有不同特点的邻居和街道地区之间的彼此隔离。人们自我隔离在一些由文化、兴趣、职业、甚至想象组成的孤岛中。异质化的都市社会最终走向我们经常所说的"陌生人社会"。面对这样的社会背景，城市公共空间的意义就在于为有差异的社会个体和趋于疏离的社会结构提供了相互了解、交流和融合的机会。[①] 在"差异性的政治"（politics of difference）之下，城市公共空间所支撑的、建立在陌生人交往上的容纳差异性的社会生活，与建立在共同性基础上的社区关系相比具有更积极的社会意义。[②] 这与雅各布斯倡导的拥有混合功能和异质性的城市公共空间的理论基调有异曲同工之妙。简言之，城市公共空间的价值就是容纳异质的社会群体、促进多样化的活动，给予市民们充分的交流自由，减少由于居住隔离带来的负面影响。

[①] 参见［美］路易斯·沃斯：《作为一种生活方式的都市生活》，赵宝海、魏霞译，载《都市文化研究》，2007年第3辑。
[②] 李丽红：《多元文化主义》，浙江大学出版社2011年版。

（三）公共秩序：城市公共空间的核心属性

城市公共空间本质上是一种秩序性的存在。当特定的空间形态达到秩序规范的要求时，其就构成公共空间的某种形式，反之则丧失了作为公共空间的形象和意义。从物质空间、社会空间和社会空间统一体三个维度来审视，公共秩序作为城市公共空间核心特征的地位，以及城市公共空间的秩序内涵可以如此表述（见图2.1）：

图2.1　城市公共空间的秩序性建构

公共秩序作为城市公共空间的核心特征包含三个方面的内涵：一是城市公共空间要符合特定的空间营造准则，包括开放性和空间质量的多重要求，比如公共空间的数量和规模得以有效保持或者拓展，审美性、安全性、宜居性等质量要求能够通过有效设计和管理得以实现，在不同城市区域的规划建设尽量做到均衡分布等。二是城市公共空间中的社会行动规则，包括进入空间的和在空间中活动的规则，不同类型城市公空间中实现公共性的方式，如公共空间的开放规则、增进可达性、保证进入和活动的机会平等、包容差异等的具体现实规则，也包括市民个体和经济社会组织在公共空间中的行为要符合公共伦理（包括法律法规和社会公序良俗）的判定，避免个体主义价值的无限扩张。三是城市公共空间的生产秩序，包括政治社会制度（如产权物权制度、规划决策制度、社会自治制度等），社会认知和观念的塑造渠道（如城市认同、社会归属、市民角色与责任的社会学习过程），以及政府、市场和社会多元参与城市公共空间营造过程等空间生产的秩序性规定是否恰当。

总体来看，公共秩序构成城市公共空间的核心特征，是本书所要重点关注的研究内容。一定意义上来说，城市公共空间物质形态的营建和社会属性的实现最终都指向公共秩序的建构，秩序建构将成为城市公共空间治理的核心任务。

第三章

城市公共空间秩序存在的问题

城市公共空间是一种秩序性的存在，是城市秩序的核心组成部分。然而，无论是具有悠久现代城市发展史的西方国家，还是刚刚步入城市型社会①的当今中国，都存在城市公共空间失序现象。尽管在不同时序阶段和地域，城市公共空间失序表现为不同的形式和特征，但显然都代表了一种与理想城市生活情景的背离。实际上，被广为诟病的"城市病"现象有许多都是城市公共空间失序问题。可以说，城市公共空间失序折射出了城市社会的整体运行状况，一定程度上也反映出城市治理、社会治理的问题。因此，本章着重归纳了城市公共空间失序的典型形式，并基于物质空间、社会空间和社会空间统一体三种维度建构城市公共空间失序的分析框架，解释城市公共空间失序的结构性诱因。

一、城市公共空间秩序问题的表现

延续前文分析，公共秩序作为城市公共空间的核心属性可归纳为空间营造准则、社会行动规则和空间生产秩序。城市公共空间失序就可以

---

① 城市型社会一般指的是城市人口超过农村人口占国民人口多数的社会结构形态，魏后凯等人对城市型社会划分了阶段，城镇化率处于51%~60%之间为初级城市型社会，61%~75%为中级城市型社会，76%~90%为高级城市型社会，大于90%为完全城市型社会（参见潘家华、魏后凯：《中国城市发展报告 No.5：迈向城市时代的绿色繁荣》，社会科学文献出版社2012年版）。2011年我国城镇常住人口比重首次超过了农村人口。

集中概括为对空间营造准则的背离、社会行动规则的破坏和空间生产过程的价值失范三个方面。

（一）空间私人化

将公共空间转换作私人空间使用的趋势和过程，我们可以称之为"公共空间私人化"。显然，公共的空间被用作私人目的本身就背于其公共性特征。物理公共空间的消失是公共性消失的一种表现，也是首要表现。

公共空间私人化主要通过两种途径来实现：一是空间私有化，即大量公共空间通过产权物权变更来更改其归属权和功能用途，从而使其从公共空间转变为私人空间；二是空间私用化，即通过各种正式或非正式的方式使公共空间主要服务于私人活动的目的，而非公共目的。空间私用就是将原本属性为公共空间的转为私人利用，实际上损害的是公共利益。比如，名义上对所有社会成员开放的街道和道路，被工业城市大量移动的私人空间（私人汽车）所占据，而带来一系列空间问题，如交通拥堵、乱停乱放、侵占道路和公共休闲空间甚至是环境污染问题，等等。在当前中国，公共空间私用是城市公共空间私人化的主要形式。从下述作为城市公共空间重要形式的博物馆被用于兴建私人会所的事件可以观察到典型的公共空间私用现象。

典型案例 1：某博物馆会所事件与
城市公共空间的私人化

2011 年某古建筑类博物馆的一部分被改为富豪私人会所的事情被媒体披露，一段时间内占据了社会舆论中心。显然，该事件受到高度关注，原因不仅仅是博物馆改私人会所是否具有合法性，更是因为其上所富含的象征意义。从性质上来讲，此类博物馆是典型的公共空间，在所有权上不归属任何私人所有，而是公共财产。更重要的是，该博物馆作为文物保护场所，是经由历史沉淀汇集而成的为整个中华民族乃至全世界所共同享有的公共价值载体。本来是作为所有国民的文化财富，现在却已成为获取私利的工具。特别是当该博物馆所具有的文化价值被用来彰显会所的品位，成为拔高私人档次的垫脚石时，这种公私反差所带来的冲击不仅让人感到不雅，更带来强烈的被剥夺感。

但"公有私用"只是表面现象。其实多年前该博物馆的部分空间都曾被爆出用于出租、提供餐饮等经营活动。对此次曝光的会所事件，博物馆方面也作出了相应的解释，认为是由某文物保护基金会和博物馆双方共同管理的，曾被用于接待基金会方面的相关活动，并提供会晤、餐饮等联谊活动。截止到2008年，双方不再共同管理，转而由博物馆一方管理，花园仍然维持既定的原则，举办活动所得的收入应纳入文物的修复和花园的维护费用。除了对文物保护单位的私自谋利的追踪与责问之外，怎样在文物单位的公益性基础之上开展商业化的经营，如何有效对接文物工作公益性和经营性活动的关系，这一问题才更加重要，但目前来看对于这类活动仍没有明确性定，边缘性活动时有发性。

《中华人民共和国文物保护法》明确规定，建立博物馆、保管所或者辟为参观游览场所的国有文物保护单位，不得作为企业资产经营。

对此次争议，有文物保护相关人员发表意见，认为如果博物馆是被其他企业用作私人会所，则必然是违法的。"但是，如果所进行的经营活动全部由博物馆下属企业参与，并且所作所为完全符合行政规章和法律，经营所得的收入都用于馆内的维护和修缮、相关文物的修复和保护，那这种行为肯定是合法的。"博物馆认为这件事属于公共事物民营化道路的范畴，有专门的文化发展有限公司负责花园的接待服务工作，该公司在未经博物馆审批的情况下，擅自扩大服务对象，发放入会协议书，所以博物馆将这方面的责任归咎于该公司。博物馆自身也表明了态度，"目前已经进行全面整改，彻底停止相关不当行为，从前没有以后也绝不会有顶级人士的私人会所，也绝不会有私人会所的经营模式。"对此其他人有不同的看法，一部分专业观点认为，"其实博物馆的公益性和盈利性是可以并存的，只要妥善管理，是可以进行良好的经营的，在历史上也有成功的例子，如卢浮宫、大英博物馆等都提供了很好的商业运作经验。"

2015年国务院发布《博物馆条例》，规定博物馆从事其他商业经营活动，不得违反办馆宗旨，不得损害观众利益。

该事件清楚地提醒我们，城市公共空间要保持其公有公用的公益性属性，往往离不开公共部门的管理和公共资源的支持，市场主体在保护城市公共空间方面缺乏天然的私益动机，在市场环境中，城市公共空间是最容易被舍弃的一类空间形态，容易以能带来经济效益的盈利空间取而代之。在当下，虽然民营化运作提供了新的公共事务治理之道，但城市公共空间作为社会价值体也很容易滑向为私人谋利的一边，从而在性质上转化为私人空间。

比起这种"大型化"的公共空间私用现象，日常生活中公共空间私用则更不显眼，却时时影响城市空间秩序，比如各种各样的占道经营问题，再如公共空间中的反社会行为以及非主流行为，都可以使城市公共空间表现为某种形式的私人化倾向。也就是说，社会成员不符合公共秩序要求的个体行为也构成公共空间私用的一种形式，占道经营、公共空间中的不文明行为、对公共空间的恶意破坏等都在其列。

（二）空间区隔

空间维度的社会隔离就是"空间区隔"，反映城市社群聚集分化状态和由于社会经济特征等因素的差异而产生的"分异"状态，社会隔离最典型的如种族隔离。空间区隔的本质实际反映了两种状态，一种是城市社群聚集分化的状态，另一种是分异状态，这是由于社会经济特征等因素的差异而产生的。这种分异可能是受先天性因素的影响，也可能受后天选择性因素的影响。先天性因素的主要包括民族、种族、宗教信仰、传统习俗、宗教势力等；后天性因素是由于所从事的职业、生活习惯、文化水平、拥有财富的多寡等造成的。这种客观的社会差异，不仅会使社会成员发生分化，也使其所留居的生活空间发生分化。拥有相同或相似特征居民会自觉不自觉地聚集在相似的或临近的城市空间，而相异的群体则会彼此隔离开来，形成所谓的空间区隔。

"空间分异包含了'分开''区别'的意思，指不同的群体、机构在城市空间的分布上呈现出同类相聚、异类分异的现象，空间分异是社会资源配置的必然结果，一定程度的空间分异有利于资源和要素的优化配置，空间分异本身并不一定体现了社会排斥或社会剥夺，关键在于分异的程度和分异产生的原因。……空间区隔虽然在空间表征上与空间分异一样，都表现为不同类型的群体分居于城市的不同空间。更多的时候，空间区隔是针对弱势群体或特定群体的，这些弱势群体成员往往是因为一些外在的原因和个体自身的原因而被迫处于一定的城市空间，其背后体现的更多是基于客观现实的无奈选择。"[①] 在当前中国城市中，城市公共空间区隔的典型表现是封闭小区。可以说，封闭小区的大量出现将原本的社区公共空间分割成一个个独立的碎片并加以"围护"，代表了公共空间中社会隔离的形成。

封闭小区在我国城市情景中主要包括两种类型，一是各种性质的"单位大院"，二是几乎所有商品房小区，这两类小区形态占了城市住宅小区的绝大部分。可以说，封闭小区已成为当前我国城市居住小区的基

---

① 景晓芬：《空间区隔及其对外来人口城市融入的影响研究——以西安市为例》，西北农林科技大学博士论文，2013年。

本形态。

封闭小区主导城市开发在我国形成于特定历史背景。改革开放后，市场经济促进人们生活水平的提高，城市居民不满足于当前的居住条件，转而追求多样化的居住环境。同时，计划经济时代的单位制社区随着单位制本身的瓦解而走向失效，传统单位制小区因为管理主体撤出而形成"管理真空"，加上人员结构从单一趋向于复杂化，社区公共空间在物质形态上因缺乏管理而不断破败，在社会形态上丧失共同体意识，自治能力不断弱化，最终沦为所谓的"老旧小区"。而此时，封闭小区作为一种居所商品填补了这一空缺，它将优质的公共空间环境以围禁的方式养护起来，供小区业主享有而将非业主隔离在外，同时，以市场提供的专属物业服务来取代社区自治。

显然，封闭小区将"他者"隔离出公共空间看起来就体现出某种不恰当的社会安排。如布拉克利和悉尼德对美国城市中的封闭社区进行的总结，封闭小区有这样几个特征："所谓封闭性小区，主要有三种模式：'一是实物封闭，即用围墙、护栏等实物进行阻隔，还有门卫和门禁同时监管；二是防止外来的安全隐患，明令禁止或限制非本小区成员的出入；三是利用契约精神，让小区成员形成封闭性的概念和共识，共同维护小区的环境。'"[①] 这种安排将原本开放的公共空间（环境）内部化了。公共空间的内化是超级街区的全部优势，也是其弊病的根源。在开放与可达的道路上，公共性要求渐行渐远，原子化、碎片化的社会空间活动不断强化。

1. 商品化逻辑下的公私矛盾

由于房屋的商品化和私有化，大部分小区都被私人占有并进行封闭，所以我国城市形成很多封闭性质的小区。在我国计划经济时期城市房屋

---

① E. J. Blakely and M. G. Snyder, *Fortress America: Gated Communities in the United States*, Washington DC: Brookings Institution Press, 1997, pp. 29 – 45.

是不存在私有化的，20世纪90年代以后，与单位制改革相适应，我国积极推行住房商品化、货币化改革。一些旧的居住区对他们的房屋进行了改造，使其向商品化方向发展，并且还对小区进行封闭，也就是历史悠久、延存至今的各种"单位大院"。房屋产权制度进一步完善后，城市新增小区基本全部为商品房小区，随着居民自我管理、自我服务、自我保护的意识不断增强，安全成为小区封闭的理由。

然而，对于高收入人群来说，他们能支付起小区的各种费用，边界的标志可以形成特定空间和产品，也可以最大限度满足这些人的需要。社会更多考虑的是大多数人的公共利益，但是资本只考虑特定主体的利益，所以空间的逻辑与资本的逻辑是完全不同的。在城市空间中公共利益和私人利益难免会产生矛盾，这种矛盾主要表现为封闭起来的小区居民对城市的信息流通性、道路通达性等所产生的不满，而且会觉得土地的利用效率较低，进而会产生不公平感。

2016年，中共中央、国务院印发的《关于进一步加强城市规划建设管理工作的若干意见》，提出"原则上不再建设封闭住宅小区"。一时间，"我家围墙要被拆"的质疑在社会中广为传播，民众对街区制的抵制情绪不断高涨。然而，从空间区隔的角度来说，推广街区制不仅是为了改善城市道路交通供给，缓解城市交通拥堵问题，同时也意味着要破除封闭小区对社会的分割，打破封闭小区的割据状态，将其整合进没有边界分隔、往来便捷、整体性的公共空间场域中来，消除隔离，为社会融合、社区和谐创造整合机会。

2. 封闭小区带来社区公共空间的碎片化

城市空间本就具有私有化的倾向，而小区的封闭性更加重了这种现象的发生。一些享有公共资源的社区为了实现私人利益，独占独特景观，不惜进行现实意义上的"圈地运动"，使得城市空间逐渐私有化。通俗意义上来讲，就是在城市美景的周围建设高档社区和别墅区，分割城市的公共空间资源，占为己有，独享公共资源。由于实行封闭式管理，本属于城市居民共有的公共空间变成了少数人的私家花园。在这一过程中，部分地方政府的土地批租制度或忽视对公共空间的保护，或缺乏有效监管，公民也没有意识到自己所处的公共空间的资源受到了侵犯，维权意识较差，进一步放纵了城市公共空间私有化现象。

现代社会强调由不同阶层的居民共享同一个公共空间来增进相互了解，从而提供一个"社会安全阀"，而物质的墙只会加强社会中因经济、文化、种族差异等业已形成的"墙"，导致一个四分五裂的社会。[1] 但是在现实城市社会中，占有城市空间的区位优劣和尺度大小成为衡量一个人价值的重要标准。某些封闭式社区甚至是专门为一个"特定阶层"及其"共同的利益关系和价值准则"设计的居住区。这意味着我国城市空间将会严重割裂，不同居民群体之间的隔离将会更趋严重，有可能在群体之间形成敌对心理。[2] 封闭社区居于主体地位的居民经常将社区的独特文化氛围融入社区的公共空间，进行独特的文化活动，并通过一系列的行为活动把公共空间限制在自己阶层的独特空间。这个社会的"墙"在城市中一经形成，就有可能威胁到各个社会阶层相互关系的和谐。

封闭小区的私有化和破碎化倾向使得公共空间向私人空间的转变过程是单方向的，难以扭转的。其一，封闭的城市空间往往会成为社会阶层分化的外在标志。这些物质阻碍了象征性和实践性功能，并将长时间和深刻地影响城市社会空间的关系。其二，城市质量取决于位置功能和意义的多样性，居住隔离和社会空间的分裂剥夺了城市的多样性的品质。其三，封闭区域占有较大面积，使得城市道路网络的密度和可达性都有所降低，从而也使公共交通的效率和共享的特性降低，行人网络的相应缩小也使得围墙之间的街道公共空间无法保持过去的经济和人文的活力。"这种社区用大门把除了住户及其亲友以外的其他一切闲杂人等都阻挡在

---

[1] E. J. Blakely and M. G. Snyder, *Fortress America: Gated Communities in the United States*, Washington DC: Brookings Institution Press, 1997, pp. 10-28.
[2] 缪朴：《城市生活的癌症——封闭式小区的问题及对策》，载《时代建筑》，2004年第5期。

外。私家保安、高墙、大门、电篱笆都表明人们对安全问题有所担忧，对于城市中的他者恐惧不已。而大门反过来又加强了我们对于彼此的恐惧。这些小小的社区对城市中其他人群心怀恐惧，构成一个个分割的隔离区：城市的公共空间就成了这般模样。集体利益的概念也散碎成了形形色色的个人忧惧。"① 总的来说，从长远来看，封闭社区的低强度、豪华型空间利用形式没有经济或生态的效益，最终会造成更加破碎化的现代都市。

3. 封闭小区与社会不公

封闭小区通过将所有被认为是"危险"的人排除在外而营造一种安全的环境，虽然这种战略有效保护着居住在封闭社区内的主要阶层，但是它却使社会整体安全的集体责任感丧失了。封闭社区作为城市空间分割单元中的一个极为复杂的要素，往往被描述为城市社会经济不平等的一种象征。封闭社区的围墙和篱笆被理解为是空间区隔的手段，拉大了不同群体间的社会距离，增加了人们邻里交往的难度，增强了居民主观感知的差异，给围墙内外的居民强加了心理障碍。② 社会的不平等是产生封闭社区的主要原因，也是封闭社区进一步所造成的结果。小区的封闭、大门的阻隔，导致社会不公平现象日益加重，社会排斥日益增多，社会碎片化现象出现裂痕。彼此的区隔产生的边界性，再加上年龄和经济特征的差异，会加剧地方隔离，导致"空间纯化"（purification of space）。③

封闭社区的流行具有一定的必然性，首先，经济全球化和社会经济的转型对封闭社区有一定的推动作用；其次，封闭社区注重私人生活，强调个人主义，这在一定程度上符合现代城市居民的需求。但是，从整个社会的角度来看，封闭社区的居民的自由和稳定是通过限制别人的自

---

① ［英］约翰·伦尼·肖特：《城市秩序：城市、文化与权力导论》，郑娟、梁捷译，人民出版社 2015 年版。
② M. Davis, *City of Quartz: excavating the future of Los Angeles*, London: Verso, 1990, p. 19.
③ 宋伟轩：《封闭社区研究进展》，载《城市规划学刊》，2010 年第 7 期。

由和稳定来实现的。这种外部社会效应对城市社会关系和空间结构产生了许多负面影响：（1）按收入择地居住将影响平等享有公共服务和设施的权利，结果是富者越富，穷者越穷。（2）居住隔离的极端形式有可能激化社会矛盾与空间排斥。（3）封闭社区将原有的城市空间打乱，造成城市空间支离破碎的现象，道路的通达性和便利性失去了原有的意义，变得了无生趣，取而代之的是无穷无尽的步行交通量。（4）城市空间的支离破碎和纵横交错的围墙栅栏加剧了社会的排斥和人们的不公平心理，这种封闭性的社会行为使得市民越来越只关注自己的小圈子和自己的家庭和居住环境，而不关注公共生活，邻里之间的联系也越来越少。[①] 人与人的相互支持，相互信赖感逐步降低，长此以往会形成恶劣的个人主义，社会责任意识不断降低，社会观念也不断削弱。当政府面对封闭社区问题时，也会面临种种困难：是应该以社会大局为重，强调社区开放，降低隔离，加强居民之间的交流？还是应该强调以居民的人身安全为重，减少交往，强调社区的封闭？

（三）空间排斥

空间排斥与空间区隔是紧密联系的概念，一部分空间排斥现象通过隔离的方式来实现，而空间区隔往往代表着对"非我类者"的排斥。但空间区隔多强调一种社会分异格局的状态，而空间排斥则主要是体现为一种社会机制。社会学领域的社会排斥理论是理解空间排斥的基础，社会排斥往往表示某些个人、家庭和社会群体很少参加社会团体活动，人与人之间的交往日益减少，甚至持互相排斥的态度，被排斥者缺乏对政治、经济、社会、文化、心理等方面的认识。简单来讲，如果将社会排斥与空间因素联系起来考察，那么，"空间排斥可以成为一种可操作的机

[①] Setha Low, *Behind the Gates: Life, Socurity and the Pursuit of Happiness in Fortress America*, New York and London: Roudedge, 2003, pp. 45–58.

制和一种针对空间、活动、资源和信息的可及性进行控制的制度化形式。个人行为以及法治的、政治的和文化结构都极大地依赖这种可操作机制并持续地再生产它"。①

公共空间中的社会排斥是城市空间排斥的主要形式。公共空间本质上要拥有最大的社会包容性，应由社会各界共享和使用。但是现代城市公共空间基于大规模的"私有化"和"商品化"，把消费者的"购物舒适"和投资者的"回报安全"当作是最主要的目标，所以倾向于排除不利于通过各种手段实现这两个目标的"人群"。社会弱势群体往往成为这类人群的主体，比如马路劳工、城市务工人员、流浪者，也包括所谓的"行为不当群体"，如小摊贩、街头艺人、无业青年等。这类人群往往被公共空间的设计者和管理者认为具有的"侵犯性"，可能令居民或消费者在心理上有潜在的"被威胁感"。② 实现空间排斥有两种途径：一是硬性方式，如公权机关或者是利用私人机制的保安队伍，来发布行为控制的规章制度；二是软性方式，就是通过暗示性的设计或管理，使处于社会边缘的群体"自愿退出"，如在公共空间大量安装监控系统等，也包括其他隐性驱逐的手段，如城市美化对特定人群（衣冠不整者）的排斥。

典型案例 2：禁止摆摊与对非正规就业的排斥

改革开放以来，非正规就业已逐渐发展成我国城市就业的主要方式，摊贩作为非正规部门的主要组成，极大地缓解了城市劳动力市场供过于求的基本矛盾。③

---

① 刘滨谊等：《塑造融入自然的城市中心区》，载《规划师》，2007 年第 5 期。
② 杨震、徐苗：《消费时代城市公共空间的特点及其理论批判》，载《城市规划学刊》，2011 年第 5 期。
③ 胡鞍钢，赵黎：《我国转型期城镇非正规就业与非正规经济（1990—2004）》，载《清华大学学报》，2006 年第 3 期。

但城市政府以前对摊贩经济持排斥的态度。2008年的金融危机爆发之后，国家就开始着重强调促进就业和维持稳定的重要性，提出了疏堵结合的治理模式。"堵"只会引起冲突，结合"疏"才能够缓解城市空间的稳定性问题，所以空间疏导才是城市空间治理的核心，才能引导摊贩经济走向正规之路。只有发挥"疏"的作用，现有的矛盾才会得到根本的改善。因此，为了追求街道美观或者所谓的整齐划一的美感而对街头非正规经济形式进行驱离，虽实现了公共空间形式上的一致性，却影响着非正规就业群体的生计维持，甚至也可能对发展起来的非正规经济实体形成挤压效应，破坏经济结构的完整性。所以，对城市公共空间的各种规制行为实际上都会对经济社会运行产生某些"非传统"影响，而这些恰恰是当前部分城市政府缺乏必要的"空间治理"思维方式的结果。

典型案例3：城中村改造对居住人群的影响

我国快速城镇化进程往往伴随着大规模的城中村改造，可以说，城中村改造成为当前我国城市更新的基本形式之一。城中村改造在改善城市形象的同时，事实上也形成对特定社会成员的空间排斥效应。

城中村是中国的城市化发展进程中的一个较为特殊的区域现象。它是在独特的历史、文化、经济、社会和政策环境下形成的不完全城市化的产物。现在来看，我国的城市基本上都存在城中村的现象，并且在大中城市里更为突出。但城中村作为城市中的"独特区域"也存在明显问题，如公共环境质量差，公共服务设施不完善；经济封闭性大，业务结构单一；社会保障和服务缺失，城乡差别巨大；社会流动性大，治安状况不佳。随着城市中改造持续进行，城中村所附带的一系列问题也迎刃而解。然而，更加隐性的社会问题也随之出现，集中表现为城市对外来务工者、低收入人群和其他流动人口形成驱逐排斥的态度。城中村里的主要租户群体为公司员工，企业、服务业员工和工厂的工人，他们的居住地大多都在工作地点附近的城中村，以降低居住和交通成本。

在政府对城中村改造的同时，对于公司白领人员、较高层次的技术工人来说，由于城中村改造后的总体环境和生活质量会得到改善，白领人员对于出租屋价格小幅度的上浮具有一定的承受能力，这部分人仍有较大可能居住下来。而一些更低层次的外来人口租户，如服务业人员、市场劳务工、小商贩等，在城中村改造后，他们失去了原来在城中村价格低廉的住所，面临着租房成本增加、生活压力增大的问题，部分人可能会因此选择离开城市。

（四）空间冲突

"冲突"是社会学研究的常用词汇，主要对象是社会冲突。"空间冲突是由于空间资源的稀缺性和空间功能的外溢性而产生的，它是一种客观的地理现象，是在人地关系过程中产生的，由于空间资源的竞争在空间资源分配过程中的一种对立现象，它强调空间竞争、矛盾、不协调、不和谐的空间关系。"[①] 空间冲突本质上是空间性的社会冲突，其表现形式与形成机理也十分复杂。城市公共空间冲突包括空间中的冲突，也包括空间的冲突。如果要进行一个类型学划分的话，城市公共空间冲突在不同场域当中集中表现为不同的冲突形式，其冲突的诱发载体也多有不同，大致可以归类为时间冲突、使用冲突、声音冲突、环境冲突（见表3.1）。

---

① 周国华、彭佳捷：《空间冲突的演变特征及影响效应——以长株潭城市群为例》，载《地理科学进展》，2012年第6期。

表 3.1 基于冲突形式的城市公共空间冲突类型

公共空间类型	时间冲突	使用冲突	声音冲突	环境冲突
道路	√	√	√	√
广场			√	√
社区公共空间		√	√	
公园绿地				√
文体中心	√	√		

城市公共空间冲突本质上是社会冲突在空间维度的表现，因而城市公共空间本身就是社会冲突，构成社会治理需要关注的问题之一。当前中国城市社会中的空间冲突典型的有邻避冲突、城管式管理冲突、广场舞型冲突等。

1. 邻避冲突

邻避冲突近些年来是国内研究的热点问题。但是现有研究多从"邻避冲突"的概念本身加以理解，却忽视了邻避冲突本质上是一个空间冲突问题，更确切地说是一个城市公共空间冲突问题。因此，有必要将邻避冲突列为城市公共空间冲突的一个典型代表，从社会—空间的维度重新认识。

1980 年，英国记者爱米丽在描述美国人对居住区周围堆积的化工垃圾警觉与反感现象时，首次提出了"邻避"（Not In My Back Yard，简称 NIMBY）一词。[1] 随后，国内外研究不断深入，并把给公众带来正效益的同时也给周边居民制造负效益的设施称为邻避设施。邻避设施的收益由全体社会成员共同享受，而其负外部性成本则由生活在设施周边的居民承担，且对设施周边居民而言，邻避设施建设带来的成本往往大于收益。对于整个社会而言，邻避设施建设带来的总收益大于总成本，是资源配

---

[1] 娄胜华、姜姗姗：《"邻避运动"在澳门的兴起及其治理》，载《中国行政管理》，2012 年第 4 期。

置的帕累托改进。邻避设施周边居民通过正常的意见反馈渠道，往往难以促使政府更改邻避设施的选址。为了维护自身的基本权益，邻避设施周边居民尝试通过集体行动方式来表达其诉求，形成一种"邻避冲突"。①

现有文献从经济学、心理学和政治学等角度对邻避冲突的成因作出了相应的解释：造成社区封闭性的邻避设施，不仅损害了周围居民的利益，还使他们在心理上产生强烈的不公平感，而且他们政治参与意识不强，决策能力不高，由此导致了社会冲突，即所谓的邻避冲突。由邻避冲突而引起的群体性事件称为邻避型群体性事件。国内学者童星将由"邻避"冲突引起的群体性事件分为污染类、风险集聚类、污名化类、心理不悦类设施，这四种情况所引致的群体性事件，它们共同成为邻避型群体性事件的四个亚类型。② 总之，民众因害怕某些设施产生风险而采取的反对行动就是邻避冲突，这种冲突是民众反对邻避设施而产生的一种情绪，由邻避冲突而引起的群体性抗议行为就成为邻避型群体性事件。③

邻避冲突的实质仍然是公共空间冲突问题。邻避设施选址往往不利于社会空间位置中那些由于弱势地位而形成的"不利者"，表现为这样一种阶层关系演进路径，即"社会分化→空间分异→邻避不利"。简单来讲，社会多元化走向阶层分化，而阶层分化支配了社会成员居住选择的能力，使社会成员在城市居住、工作和交往的空间选择朝向某种聚类分布。因而，邻避冲突实际上是利益相关者共同参与城市公共空间营造时所发生的冲突形式。

随着市民意识的觉醒，近年来我国城市偶有"邻避冲突"事件出现，影响到了社会稳定的维护和社会正常秩序的保持。正如何艳玲所认为的：

---

① M. Kang and J. Jang, "NIMBY or NIABY? Who defines a policy problem and why: Analysis of framing in radioactive waste disposalfacility placement in South Korea", *Asia Pacific Viewpoint*, Vol. 54, No. 1, 2013, pp. 49–60.
② 陶鹏、童星：《邻避型群体性事件及其治理》，载《南京社会科学》，2010 年第 8 期。
③ 董幼鸿：《"邻避冲突"理论及其对邻避型群体性事件治理的启示》，载《上海行政学院学报》，2013 年第 3 期。

（1）随着城市化的进一步发展与居民权利意识的兴起，我国邻避冲突发生的概率必定大大增加；（2）对于邻避冲突，回避与掩盖都不是好的解决办法，相反可能使冲突越变越激烈；（3）在强大的反动员能力生产与短缺的动员能力生产下，当代中国城市的邻避冲突表面上会得到暂时消解，但冲突的消解并不等于"公民服从"的建立。① 诸大建甚至认为如果不重视邻避冲突，它也会衍生成政治冲突。邻避冲突是因为公共设施的好处和收益由全社会共享，而风险和成本却主要由设施周边的少数居民承担。这是一种因民生而起的冲突，并不是政治性冲突，但如果这样的事情不断发生而得不到妥善处理，就有可能导致政治性冲突。② 但是，邻避冲突的化解如果单纯从社会性维度是不能形成有效解决方案的，特别是市民权利正当性与公共利益的冲突问题，而从空间和空间性的角度或许能为化解邻避冲突找寻治本之路。

2. 城管式管理冲突

城市管理式冲突也是我国城市空间冲突的一个典型类型。

随着城市化进程的发展，人口流动趋势较大，许多外来务工者涌入城市，在城市中工作和生活，部分流动人口发展成为了城市中的流动摊贩，他们占用城市公共空间，利用公共区域如街道等进行摆摊，扰乱城市公共秩序，还会产生对环境的污染和阻塞交通等问题。而城管主要负责进行市容市貌的管理，维护城市公共秩序。为了城市公共空间的合理有序发展和更好的整体规划布局，基于公共利益的角度，城管需要对城市中的流动摊贩进行监管。流动摊贩的存在阻碍了城管工作的正常进行，城管的日常工作内容也会直接影响到流动摊贩的经营与生活，所以两者之间产生了相应的冲突与矛盾。

城管和摊贩的矛盾，凸显了关于政府城市公共空间规划设计中所存

---

① 何艳玲：《中国式"邻避"冲突：基于事件的分析》，载《开放时代》，2009年第12期。
② 诸大建：《"邻避"现象考验社会管理能力》，载《文汇报》，2011年11月8日。

在的问题。在进行公共空间的管理和在公众的利益的维护方面如何兼顾部分弱势群体的利益,如何避免这种空间冲突,成为政府以后进行城市管理中亟待解决的重要问题。"'城管现象'是这类政策的典型案例:管人者与被管者的利益都得不到保障,双方都不满意。人们怪罪于'城管人员',但城管人员同样也冤屈满腹。"[1]

3. 广场舞冲突

日常生活中,我们经常能看到一些社会成员因为小的空间竞争而产生冲突,比如"你家房子挡了我的阳光""围攻乱停车"等事件,其中"广场舞冲突"近年来备受关注,甚至引发全社会对此类现象的大讨论。随着人们物质生活水平的发展,日益兴起的广场舞逐渐成为一种新型锻炼身体的方式,全国各地的小区都涌现出了一批跳广场舞的人群,广场舞作为一种娱乐休闲活动,提升了人们的身体素质、丰富了人们的业余生活。但同时也产生了一些负面的影响,比如广场舞扰民、广场舞侵占公共活动空间场所等问题。这就涉及公共资源的分配问题,公共空间本应每个公民都有权利享用,但是广场舞队伍一般人员众多,往往需要占用宽敞平坦的公共空间区域来进行相关的活动,而且伴随着分贝较高的音乐,从而在某种程度上对其他群众的利益产生侵占和损害。

典型案例4:打球少年与广场舞大妈冲突

在今天的中国社会中,广场舞开始兴起,可以说遍布全国。现在我们出门,无论是在小区内、公园里还是在宽阔的马路边,只要有足够宽敞平坦的场地,都随处可见广场舞队伍的身影。作为一种特殊的社会文化现象,广场舞提倡锻炼身体,深受中老年群体的欢迎,但是在其开展过程中造成的噪声、占用专门用地等问题也十分

---

[1] 俞可平:《"城管式困境"与治理现代化》,载《当代贵州》,2014年第2期。

突出，通过网络媒体的传播，关于广场舞的争议也不断升级，全国各地广场舞冲突事件层出不穷，关于个人休闲和公共空间的分配与使用成为人们关注的一个重点问题。

在2017年6月，在某市某公园篮球场上发生暴力事件，一打球少年与广场舞大妈为抢球场大打出手，起因是关于场地问题。该事件不仅引起了当地媒体的注意，也导致了警方的介入，现在篮球场已处于关闭的状态。

在网上发布的视频中，一群跳广场舞的大爷大妈，将一名赤膊上身的年轻人围住，双方都非常激动。从言语冲突升级到使用暴力，在暴力冲突过程中，至少有五个大爷大妈将光着膀子的年轻人推到角落殴打。由于体力的差距，年轻人没有被击败。相反，他试图反击大爷大妈。在围观群众理性的劝说下，他们才肯停止。

据悉，该公园篮球场广场舞人群与篮球爱好者的矛盾，已经僵持了4天，每天双方都会因为场地问题产生矛盾。其中一名在此打球的网友发布的视频揭露了事件的原委，根据网友提供的视频，公园的篮球场内，有几名年轻人在一个半场进行投篮，同时另一半场上有几十位大爷大妈正在跟随着自带音乐跳广场舞。双方因为场地问题多次发生争吵，直至到第4天演化为肢体冲突。

冲突发生后，公园管理方暂时关闭了篮球场，这看起来有些"不作为"的做法，也让冲突双方回归个体，从社会道德以及自己的价值观出发重新思考，也能产生更多的同理心。在面对有限的公共资源，且资源分配不明确时，人们会更多地考虑自身的利益，对他人的意图保持警惕，对他人的利益和大家共同的利益却并不关心。比如音乐声吵到别人、影响他人锻炼、破坏了和谐的环境等。

针对广场舞冲突的长期存在与带来的不良影响，各地政府部门积极推动关于引导广场舞活动健身开展的政策，加强对广场舞群体行为进行的规范管理，在活动时间上给予控制，使公民在提升自身身体健康素质的同时，避免出现扰民情况的产生；同时，也在努力为居民的广场舞活动创造良好的条件，在进行城市公共空间的规划建设的同时，考虑到人民群众日益增长的精神层面的需求，维护好人民群众的基本利益，为广场舞队伍提供优良的公共空间开展活动。这也说明，公共空间管理和治理必须着眼于整个公共秩序的建构。

二、城市公共空间秩序问题的诱因：结构性分析框架及其应用

上述关于城市公共空间失序的几种形式表面上看来似乎多不相干，甚至每个问题都可以独立观察并找到解决办法。然而，从社会空间辩证法的角度来看，这些公共空间的失序表现一定程度上具有共性的生成原因，来源于相对的政治社会诱因，或者说是一个问题在空间上的不同表现形式罢了。同时，公共空间失序的各种表现形式之间也存在相互影响、相互牵制的现象。换言之，城市公共空间失序并非一个单向度的问题，往往是结构性的社会变迁与发展的结果，理解城市公共空间失序的复杂性是进行有效治理的前提。

（一）物理形态、社会结构和管理系统：三元分析框架的建构

城市公共空间受政治社会环境的系统制约，城市公共空间失序代表了城市政治社会体系的结构性失衡。俞可平认为，城管式困境是最坏的治理结果，没有任何人从中获益。[1] 城市公共空间失序就是一种典型的"不可治理"状态。从城市公共空间的物质属性、社会属性和社会空间统一性特征出发，我们可以建构关于城市公共空间影响要素的结构性分析

---

[1] 俞可平：《"城管式困境"与治理现代化》，载《当代贵州》，2014年第2期。

框架。在这个框架中,城市公共空间的物质形态、作为社会空间所蕴含的社会行动与结构,以及空间管理系统,构成解剖公共空间失序诱因的三个基本元素。三者之间都存在双向互动,彼此制约,共同作用于城市公共空间的运行状况(见图3.1)。

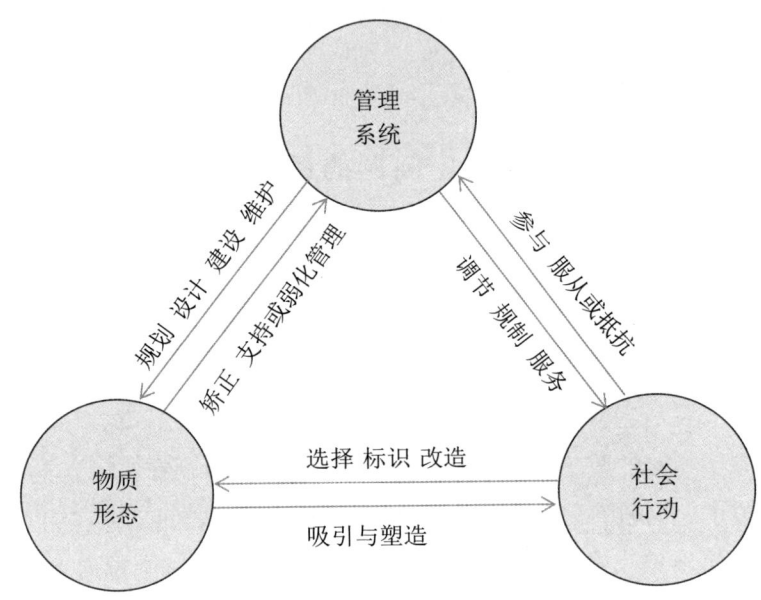

图3.1 城市公共空间三元系统分析框架

1. 物质形态与社会行动的互动调适

(1) 城市公共空间质量对社会行动的"吸引—塑造"作用

城市公共空间总是表现为一定的物理形态,承载着各种社会活动,但公共空间并非消极被动的容器,其物质形态的质与量反作用于社会行动的选择空间和社会结构的表达。城市公共空间物理特性影响社会行动的作用机理就是"吸引—塑造"机制。公共空间物理特征是否具备足够的吸引力将直接影响到是否能有效地吸引聚集社会成员来到公共空间活动,而其质量高低也对进入其中的社会成员的行为产生影响。现实生活中我们经常能够看到，越是漂亮整洁的公园广场越能激发人们文明得体的行为，比如不乱丢垃圾，而越是破败不堪的场所，反而越容易出现故意破坏等社会反常行为，有违公序良俗的个体行为也越容易在这种场所发生。这就是我们所说的"破窗效应"，也就是说，如果允许环境中存在不良的现象，就很可能诱使大家效仿，甚至有所加剧。就如一幢有少许破窗的建筑，如果那些窗不被修理好，可能将会有破坏者破坏更多的窗户。城市中衰败的公园、废弃的公共设施和建筑、人流稀少的街道往往最容易沦为吸毒、卖淫、犯罪活动等的集散地，其原因就在于此。

首先，公共空间具有开放性、可进入性和磁体特性，这共同决定了公共空间的吸引聚集机制。公共空间的这种吸引力使得公众认识到了自身的价值、对周边环境的兴趣和社会整体及对生活环境的认同。扬·盖尔（Jan Gehl）将公众在公共空间中的活动分三种：必要性活动、自发性活动和社会性活动（连锁性活动）。[①] 必要性活动主要指人们必须参加的活动，比如上课、上学等，这些活动与空间环境关系不大；自发活动只有在人们认为有合适的环境并愿意参与时才会发生，比如散步、停下观望、俯视等，这些活动明显和物理空间的形式和质量等因素关联紧密；还有，社会性活动，明显是与公众一起参与的公共活动。它在促进公众交流、增进公众之间的情感沟通交流、培养公众交往活动意识方面发挥着至关重要的作用。然而，社会活动不仅存在于物理公共空间中，而且可以存在于每个空间形式之中。

公共空间的聚合机制主要是从影响与其相关的自发活动而提高与其关系较小的社会活动的发生的可能性：当公共空间的质量不高时，自发活动的发生率也不高，只会发生必要的活动；当物理公共空间的质量较高时，人们更愿意走出私人的空间进行自发活动，比如步行和俯瞰，以便增加与人接触的频率，从而增加了对话、讨论空间等社会活动，形成

---

① ［丹麦］扬·盖尔：《交往与空间》，何人可译，中国建筑工业出版社2000年版。

空间中的共同的公共生活。能够看出，良好的物理公共空间在满足公众自发活动需求的基础上，还可以通过适当的空间环境、良好的功能设施和良好的空间氛围来提高公众对公共空间活动的参与的兴致，提高公众参与和自发性活动的频率，进一步提高社会公众参与社会性活动的积极性与主动性，在为实体的公共空间公共活动的进一步开展，促进公众之间更宽领域的交流，建立共同的共享意识和公众意识创造有利的空间条件。

其次，实体公共空间对公众具有重要的塑造作用，并且这种作用是潜移默化的。这种作用既可以影响公众的精神，也可以重塑公众的行为，是城市公共空间平等性社会交往符号意义的表现，它是通过公共空间对公众行为的约束和诱导而产生的。

第一，公共空间是人类改造世界的产物，受某种价值模式的影响，它也反映了设计者的用意。一种特殊的明确的方式会影响人们的行为，例如公共空间设施的指导标志，使人们的活动受到社会规范的约束。

第二，公共空间还可以隐性的方式影响人们的行为活动，通过暗示诱导等方法使人们的行为活动符合社会价值的要求。比如某些纪念性建筑的设计、标志，还有具有导向意义的文化展览都能够引发公众的情感共鸣，使公众在心理上得到效仿。

第三，通过公共空间价值规范的影响，公众的进行共同努力需要得到观众的统一肯定，并自觉遵守公共空间建立的行为准则与契约精神。在这种心理的作用下会大大提高公众价值的集聚。

总之，公共空间对公众行为的塑造通过显性制约和隐性诱导两个方面共同实现的，这两种共同作用不仅会影响公众的空间行为也会影响公众之间的人际关系，使公众作为一个整体反映民主和平等的公共价值。

（2）社会行动直接作用于城市公共空间的品质和功能

城市公共空间是社会实践的产物。城市公共空间的物理特征深刻地受到社会结构的影响，总表现为某种与"当下"社会关系相适应的物质形态。"社会阶层的状况、地位的差别、财富的分配方式,必然表现出空间资源与产品占有的多少,空间权力与权利获得的大小等"。① 社会关系和社会结构不仅需要以某种身份的特征加以展现,也需要与之相适应的空间形态来加以展示和维护。特定的社会关系和社会结构作用于特定的个体偏好和社会选择,直接形塑了城市空间的物质形态。

社会多元化、社会阶层分化在城市公共空间的社会实践方面必然催生城市空间结构上的分异现象。也就是说,社会关系通过特定的空间生产机制选择营造了特定的城市公共空间形态。公共空间私人化的倾向恰恰是由于社会行动私人化的原因所导致,封闭小区的大量出现也正是为满足社会阶层分化对居住空间的现实需求。从理论上来讲,社会成员可以直接或间接的方式参与城市公共空间的形态选择,比如通过正式的规划参与渠道,将自身对公共空间的生活需求表达出来,并影响决策部门的规划建设活动。社会成员当然也可以以自己的实际行动亲身标志公共空间的物理属性,比如选择绿色环保的出行方式。社会成员也可以能动地对公共空间加以改造以符合特定的要求。

从一定意义上来看,所有进入公共空间中的社会成员首先依从的动机是个体利益,是为满足自身某方面的需求,比如健身的、娱乐的、交易的或者是学习的愿望。无数秉持个体动机参与公共空间营造的社会成员事实上都有机会施加对公共空间的改造。当然,这种改造有时是有益的,比如广泛开展的环保志愿者活动,但有时这种改造是有损公共利益的,典型的如违章建筑,北京"最牛违章建筑"之所以广受批判,原因就在于它对公共空间的形态结构进行了不恰当的改造,使全体居民在视觉和居住安全性上受到威胁。

2. 物质空间与管理系统的互动调适

在规划学派看来,空间是权威规划的结果,它直接决定着城市空间

---

① 任政:《正义范式的转换:从社会正义到城市正义》,载《东岳论丛》,2013年第5期。

的形态、品质和结构。显然，空间管理系统承担着对城市空间施加规划、设计、建设和维护的主体责任。但这种主体责任必须建立在满足社会需求和公共利益的基础上。一旦管理系统对城市公共空间的干预出现了设计偏差或者管理系统的运作过程出现了问题，也就是我们经常所说的"管理失灵"，那么，城市公共空间失序问题就很容易出现。从这个意义上来说，规范管理系统的运作是规范城市公共空间秩序的基础性保障。

然而，空间也并非完全是被设计、被规划的产物。设计不佳的公共空间不利于管理者开展管理活动，异化的公共空间甚至会制造管理困境，就如功能不明的公共空间（篮球场能不能用来跳广场舞？）使空间秩序的维护者缺少介入调节的依据，空间行为的多样性程度也影响到管理者的责任划分和履行，再如缺乏照明的街道不利于及时发现违法犯罪行为等等。城市公共空间的物质形态支持或弱化着管理系统的效能，制约着管理系统发挥作用的想象空间和行动力。空间狭小的城市考验着城市政府的治理能力，在紧凑的城市空间中保持公共空间的有序运转也是棘手的任务。当公共空间极度匮乏，那些试图解决空间冲突的措施都难以产生良好效果。在非正规就业空间大量缺失的情况下，缓解城管与摊贩之间的冲突，仅仅靠规范执法是远远不够的。同样的，在充斥着封闭小区的社区中，社区自治经常面临着集体行动的困境。空间也通过表达机制实现对管理系统的矫正。管理系统的决策失误往往通过某种空间问题的方式表现出来。社会成员的空间实践总是先于管理系统，并成为管理者采取相应对策的依据。当规划建设的道路出现了新堵点，就要求规划部门调整道路设计方案。广场舞冲突不断上演也事实上提醒着城市政府要着力满足公众休闲活动的需求。

3. 社会行动与管理系统的互动调适

管理系统对于基由社会选择而形成的空间分异进行调节，在市场条件下，可以对居民公共空间可达性的差异进行再分配。比如，通过激励或引导政策促进封闭小区的开放。管理系统也承担着对公共空间中各种社会失范行为进行规则，使其符合公共性的价值判断。从根上讲，管理系统承担着在公共空间中建构秩序的基本使命。这是社会自发行为和市场机制不能完成的任务。然而，管理系统对社会行为的规制也存在失效的可能，集中表现为规制能力的有效性与空间行为失范的多发性、分散性之间的矛盾，就像旷日持久的城管与摊贩的"躲猫猫"式的监管与反监管的斗争。当然，管理系统还要为社会成员的公共空间需求提供各种服务，特别是服务于市民公共空间的多样化需求。

空间生产机制首先就表现为广大社会成员通过正式或非正式的渠道参与到管理系统的决策管理活动中来。社会行动通过对管理系统施加影响而间接地作用于空间的生产、消费和分配，进而影响城市公共空间的形态和功能实现。但是，社会成员也可以采取行动策略去反抗权威管理对其日常生活的干预，特别是当管理系统出现了失灵，抵制也会随之兴起。这种社会抗争既可以是正式的抗议，也可以"默默的社会抗争"。

（二）当前我国城市公共空间失序的结构性诱因

城市公共空间失序是多维复杂因素相互作用产生的社会空间问题，使用三元分析框架进行观察可以发现：公共空间缺失加剧了空间竞争，引发持续的空间冲突，强化了空间区隔和排斥；而社会结构的分化变迁导致城市空间生产机制的变化，形成对公共空间的挤压机制，空间分异开始形成，社会隔离和排斥不断利用空间得以实现；同时，如果社会结构变化的负面影响不能得到管理系统的纠正和规制，管理系统的价值失范也会诱发空间失序。因此，城市公共空间失序问题需要一个系统性的解决方案。

1. 公共空间缺失是城市公共空间失序的前提性诱因

尽管理论界和实践者都普遍认识到公共空间对城市发展的积极作用，但在全球范围内的城市当中，公共空间在规模总量上的减少或比重上的降低似乎是现代城市经常会遭遇到的共性挑战。显然，城市公共空间缺失并非简单的"多规划建设一点"这样的加减问题,为什么会出现公共空间的大规模缺失才是问题关键。从宏观上看,公共空间缺失反映了城市空间生产过程的结构性失衡,以至国内国外城市研究都不约而同地呼吁要"保卫公共空间",尤其是如何在市场逻辑下维持和拓展一定规模且富有活力的城市公共空间。

改革开放以来,我国城市建设取得了长足进步,城镇化水平由1978年的17.91%提高到2016年的57.35%,城镇常住人口达到了空前的7.93亿,城镇数量和体量规模快速增长,中国成为世界上少有的高密度城市体的聚集地,而城市各类公共空间也同时得到了极大的发展。然而,城市公共空间缺失的问题依然存在,集中表现为总量消减、功能萎缩和结构单一化三个方面。

(1) 空间总量消减

当前我国城市公共空间冲突不断加剧,直接原因是空间总量不是根据统计数据,1998年到2012年间我国城市建成区面积总和从18974平方千米增长到了31766平方千米,增长了67.4%,而同期,公园绿地面积总和却由当初的4489平方千米减少到了3638平方千米。[①] 虽然道路和街道作为开放空间的典型代表在大规模城市开发建设中不断扩张,但持续上演的城市交通拥堵事实提醒我们,道路供给还远未达到城市发展的要求。2012年我国人均城市道路面积仅为10.44平方米,这与我国1990年颁布的城市用地分类与规划建设标准所规定人均15平方米的要求仍有不小差距,而实际上,1990年标准被规划界认为是标准偏低的版本。

(2) 空间功能萎缩

在城市公共空间规模缩减的同时,公共空间的功能也存在萎缩情况。随着城市社会异质性不断加剧,城市公共空间不仅包括广场、街道,还有公园等城市的外部开放空间,还包括公共设施,比如商业设施、文化

---

① 数据来源:《中国统计年鉴》,中国统计出版社1995—2012年。

设施、交通设施等公共建筑，在生活中扮演着多种重要的角色，并且发挥着越来越重要的作用。一个好的城市环境，公共空间应该是平等的、开放的、多样的，可以满足不同人群的各种需求，可以实现共享的意义，进而构成城市丰富多彩的生活环境。在我国市场经济体制下，那些经济效益较好的建筑和开发项目得到了良好的发展，商业设施也满足了市民的物质需求，但是反映城市品质的、具有公益性质的公共文体设施普遍缺失，诸如社区公共空间之类的市民日常生活空间受到挤压。

在计划经济时代，居民的文化活动较少，城市的公共设施也不够齐全，只有在各自的城市公共中心才会配置，比如在城市公共活动中心设置百货商店、文化馆、邮电局等。文化馆和文化活动站分散在城市的各个地方。改革开放四十多年来，特别是伴随20世纪90年代一波城市改造高峰，传统的城市公共空间及其附属的设施被大量挤占，公共设施经常被挪用，文化活动站、文化馆也大部分沦为办公楼，所以当时的基础设施其实是有名无实的。公共文化设施不仅规模小、数量少，而且严重滞后于经济的发展，功能不齐全且逐渐退化。博物馆、图书馆、群众文化馆等公共文化设施逐渐萎缩，书店已经被挤出了城市的繁华地段，沦落到城市的角落。少年宫等公共活动场所似乎一夜之间丧失存在的必要性，而逐渐淡出了市民记忆。

20世纪90年代以来，各地城市政府开始大量修建公共场所，以广场最多。但是由于基础设施不完善，所以公共空间的活动品质和效益达不到想要的效果。虽然是为市民建造的城市广场，但是设计大多考虑形象和视觉效果，而对人们的使用需求考虑不足，因此大多数都配置了景观草坪，但没有设置公众休息的座位，没有避雨的场所，没有儿童娱乐场地，这是国内广场的普遍现象。

（3）空间结构复合化

城市公共空间的商品化是改革开放以来我国城市发展的一个典型特征。进入21世纪，以"购物+休闲娱乐"为主要特点的体验式的商业建筑兴起。如果参照罗斯托模型（Rostovian take-off model）的经济成长阶段论，2016年我国全年居民人均可支配收入23821元，约合3780美元，我国整体上正处于大众消费阶段，人们在休闲、教育、保健、国家安全、社会保障方面上的支出有所增加，我国城市整体上步入了消费社会。在消费社会中，房地产业和金融业开始大规模进入城市空间建设领域。城市公共空间与城市中的巨大空间的功能组合，使得政府在开发建设上也需要更多地依靠市场。与此同时，公共空间建设和维护成本的上升，也迫使政府不得不依靠市场的力量。这些都进一步导致了公共空间的私有化，城市公共空间由私人公司管理的出现。商业活动和空间打破以往单一化的，"中心式"的布局模式，各种类型、规模、形态的商业设施在城市的大街小巷间蔓延，不仅仅遍布所有的街道两侧，更渗入到居住社区、办公场所、教育机构等非公共领域。

在商业空间占据了公共空间主流位置的同时，城市公共空间整体上也走向了复合化。城市公共空间的复杂特征体现在三个方面。首先，在整体空间格局中，以商业设施为主要内容的公共空间通过城市街道全面渗透到城市空间，形成网络形态，不断消灭传统意义上的城市中心。其次，在内部和外部空间的边界，城市功能沿着边界延伸到建筑物内部，打破了传统的内部和外部边界。建筑的公共空间承担一些城市功能，积极参与城市公共空间的建设，成为城市公共空间系统的一部分。最后，在地上和地下的空间发展中，应形成三维空间。通过建筑物和城市的直接参与，应形成多维空间综合利用，提高土地利用集约化水平。城市和建筑空间通过多维组合、穿透、分离、并联、串联和级联等方式集成，地下、地面和空气通过建筑物内的垂直交通系统或中庭连接形成一个综合的空间。在保持相对独立性的同时，不同层次的空间单位构成了它们之间不断相互关联的关系。生成这种并行空间组织以解决人车分离问题，它被广泛应用于当代城市公共空间的规划设计，形成了立体城市行人公共空间系统。城市公共空间的复杂性实际上是从原来的单一功能到复合功能，从分散的小型公共空间走向集约的大型化空间。

因而，公共空间的稀缺性不断提高，空间竞争和冲突不断加剧。在消费主义的影响下，城市公共空间越来越多地作为商业活动的载体，这些商业活动从原来单一的，为了满足基本物质生活的需求的"购买行为"，到现在变得多样化，以满足精神和物质生活的"消费行为"，空间已经成为消费的主体。在丰富多彩的体验空间中，人们无意识地与空间一起成为商业运营链中的一环。消费文化以主流文化的态度更多地渗透到日常生活的各个角落。但是，城市公共空间的复杂性实际上增加了社会行动的摩擦机会，公共空间已经演变成多元价值的角力场。复合空间同时加强了城市功能的建设和直接联系，提高了空间的利用效率，但由于所有权的不确定性往往难以管理，所以需要从整个城市的角度来看。将空间和公共价值作为一个整体，不仅保证了公共活动的便捷性，还兼顾了公共文明的质量，以及管理方法和设计过程的相互协调与合作。

2. 社会结构变迁是城市公共空间失序的系统性诱因

改革开放以来，我国经历了以市场经济为核心的体制改革，也正在经历全世界最大规模、复杂程度最高的城镇化进程，社会成员构成、社会生产和生活关系都发生了深刻变化。"对于刚刚摆脱了高度集中的、遏制个人经济活力和物欲追求的传统计划经济体制羁绊而踏入市场经济圈的人们，金钱更具有排斥一切的魅力。因而人们对金钱的向往和物欲的追求取代了对政治地位的崇拜和参与政治的热忱。"[①] 社会价值重构影响到社会行动的方方面面，其中当然也包括城市公共空间。一定意义上来讲，当前我国城市公共空间失序正是对社会价值体系重构过程的一个集中反映，城市公共空间秩序的重构也理应纳入社会秩序重构的进程中加以对待。

---

① 刘德霓：《当代中国政治冷漠现象的成因探析》，载《山东社会科学》，2002年第1期。

阶层分化是改革开放以来我国社会结构变迁的基本特征。人们普遍认为，社会阶层的分化是由于社会成员的社会地位在横向增加异质性特征，并且在纵向增加了不平等。城市包含着最为丰富的社会阶层类型，城市也是社会阶层分化的主要发生地，一定意义上来讲，城市社会阶层分化就是社会阶层分化。改革开放以来，传统的政治资源与新兴的经济资源互相渗透，旧的制度因素和新的制度因素交织在一起，成为了一种独特的协同作用，促进了我们城市的社会转型。

首先，计划经济体制下单一的工人和农民两大群体的宏观架构走向了细化。伴随所有制结构的变化、产业结构的调整和新兴业态的出现，社会阶层的多样化在城市中集中爆发。在互联网时代，知识经济兴起甚至使社会阶层分化呈现流动性特征，阶层分层动态化显现。已经有学者认为："当代中国社会已经可以比较清晰地划分出'十大阶层'，即国家与社会管理阶层、经理人员阶层、私营企业主阶层、专业技术人员阶层、办事人员阶层、个体工商户阶层、商业服务业员工阶层、产业工人阶层、农业劳动者阶层和城乡无业、失业、半失业者阶层。"[①]

其次，空间分异是阶层分化的必然结果。阶层分化的直接结果就是城市空间分异，其作用机理就是建立在阶层分化基础上的市场选择和社会选择。贫富分化是阶层分化的直观表现，在市场经济条件下，贫富分化直接决定着社会成员从市场中购买居住空间、选择毗邻环境的能力。相对于以职业身份为标志的划分方法，以经济地位为依据来划分阶层显得更加简明，从市民及家庭收入财富的角度，可以将城市居民划分为五个阶层，即富裕阶层、高收入阶层、中等收入阶层、低收入阶层和贫困阶层。在市场经济体制下，社会分层、收入不平等在很大程度上可能与个人或家庭的住房特征有关，例如居住地理区域、社区规模、社区质量和房屋数量等。换句话说，分层结果将在空间词汇中表达出来，也就是

[①] 陆学艺：《当代中国社会阶层研究报告》，社会科学文献出版社2002年版。

说分层的结果将会以空间的语汇表现出来,这时便表现为普遍的居住隔离。"购物与消费不断构成身份认同,就是说,人们越来越按照他们的消费模式而得到界定"。① 人们选择在哪些地方进行消费,往往取决于地段中所承载的身份、地位和阶级身份的象征意义。不同阶级、年龄、职业、性别与爱好的群体会去消费和他们自己的身份和地位相一致的空间商品,人们会越来越多地用空间商品消费的差异来衡量各人所处的社会地位。所以在丰富城市公共空间的同时,也呈现出分层化的趋势。这是现代的消费社会对城市公共空间产生的不利影响。由于等级的划分,公共空间的开放性将会失去其最根本的价值。

城市中地段优越、环境宜人、生活便捷、公共文化场所和设施齐全的空间往往离优势阶层特别是高收入阶层最近,也就是公共空间的可达性对于他们而言更高。城市中不同群体和不同阶层的隔离导致了城市生活空间的物质景观的差异。社会的整体消费和投资越来越集中在中上层阶级的生活空间,空间发展变得不平衡,社会不平等地位的强化得益于固化的空间特性。某些特定地点的高价格一定关系到特定空间的购买,而城市基础设施形成不同类别的不同可达性等级,进而导致优越基础设施、教育资源、医疗资源、景观资源的差异化分布。

城市空间分异也反映了对同质人群的归属感与认同感。这种归属与认同感可以从两个角度理解。第一种是来源于先天拥有的血缘和地缘等的情结,通常表现为对民族和籍贯所在地的认同,希望在城市中形成相对封闭的体现着特有环境气氛的隔离社区,相互照应。第二种是来源于后天竞争所带来的社会经济地位,通常表现为中上阶层对自己所属阶层产生认同感,趋向于根据自身的社会经济地位选择居住在能表明身份的特定区域中,使居住区趋于同质。② 此种归属感和认同感常常使社区生活

---

① 罗钢:《消费文化读本》,中国社会科学出版社2003年版。
② 甄智君、梁鹏:《转型城市中的空间重构及治理重构:国外隔离社区研究综述》,载《公共管理研究》,2009年第6期。

趋于和谐。针对开放社区来说，社区居民的收入、教育和生活背景都具有较大差异，所以达成共识并在社会问题上采取适当行动的成本相对来说也就高一些。但是，孤立的社区居民的收入、教育和生活背景方面几乎没有差异，所以社区居民更有可能协同合作。更有可能在短时间内根据相同或相似的个人经验作出一致的决策，从而降低集体行动的沟通成本。所以，城市居民对环境、交通、社区等的不同偏好以及来自不同群体的归属感和认同感已成为居民选择孤立社区的动力，提高了对孤立社区的需求量。

最后，空间分异反作用于阶层分化的固化。城市公共空间作为社会实践的产物，又反过来影响社会关系的生产和再生产。高收入人群占据中心位置，在城市或郊区具有优越的区位优势，交通便利，基础设施齐全，环境资源优越；但低收入人群却只能生活在交通处于劣势、基础设施欠缺、环境恶劣的地区。因为居住具有隔离性、不同位置具有占用性特点，居住在城市不同空间的群体拥有不同层次的公共空间。不同阶层的居民无法获得与城市公共服务相同的接近程度。低收入人群也无法与高收入人群平等地享有完善的公共设施资源。这种公共物品供给的不公平性和孤立性所造成的相对剥夺，使得不同阶层之间的对抗和冲突更加明显。与此同时，在居住区分离的情况下，低收入的平民社区居民继续互动，形成一定的亚文化。

一旦贫困人口的本地化形成，它将陷入恶性循环。致富的穷人倾向于流向富裕的社区，这加剧了贫困社区的劣势。虽然贫困人口的集中有利于减少他们的相对贫困感，减少社会不稳定因素；但另外，它可能会加强他们的融合程度，并且大大增强集体破坏社会稳定的可能性。目前中国大部分贫困城市地区集中在城乡结合地区，流动人口众多，人口素质较低，容易形成公安的盲点，增强导致社会动荡的因素。

城市政府也试图干预空间分异的进程。在我国，出于多方面原因，城市政府普遍有改善城市环境的意愿，但是，在不断变化的生活环境下，空间区隔好像已成为生活中无法阻挡的一个趋势。"住有所居"政策的实现,意味着当人们获得生活空间大幅增加的好处时,他们也接受了社会分层的空间化,这意味着空间距离会降低普通人的流动性,使他们在道路权力秩序中变得更加脆弱。较高的住宅私营率的后果是以家庭为中心的私人空间和其心理模式的全面提升,还有公共空间和社区内部交流的减少。在这种空间结构之下,生活空间的接近并没有为提升社区的参与提供便利,并且发展从社区到公园、公共绿地和其他地方的社会联系的努力却正变得更加普及。

综上所述,社会结构变迁引发了城市公共空间秩序的重构,而城市公共空间的演变也进一步固化了社会阶层。许多国内外学者认为,空间分异、空间冲突、公共空间的私人化等问题在现代社会是不可避免的。但是,这恰恰提醒我们,在解决公共空间失序的问题时,要超越空间现象的表面特征,将空间问题放入更大的社会结构框架中加以理解,从空间背后所蕴含的社会关系中找寻问题的根源。就如棚户区改造一样,留守居住的居民往往都是低收入人群,他们没有脱离低劣环境的能力,如果不斩断导致棚户区出现的空间生产机制,那么,新的棚户区还会不断形成。

3. 管理系统的"治理失灵"是城市公共空间失序的基础性诱因

权力和资本是进行空间生产和转型的关键因素,权力是城市更新变化的一个重要支点。地方政府在城市空间的生产和转型方面拥有决定性权力。城市功能的继承和发展、土地所有权、进行城市建设和规划的权力、空间的命运和用途都受到规划权力的制约,即所谓的"权威型城市规划管理"。长期以来,理性主义城市规划突出城市设计、建设和开发的技术色彩,无形中使普通公众难以真正参与到城市空间规划的实践中来。这就形成了一种参与悖论,即普通公众作为城市生活的主体有根据生活需要设计城市的需求,希望将自身诉求通过正式参与渠道转化为城市规划方案,但公众普遍缺乏城市规划技术,甚至是专业性的话语表达都不具备，使得他们即使参与进来也不能准确表达诉求，更不能将其转化为与规划者对话的语言。管理系统的价值失范具体表现在以下两个方面：

（1）城市公共空间规划设计上的价值失范

政府进行的城市规划引导着城市住房建设的发展方向和投资力度。城市规划作为政府干预、市场调节和城市发展总体规划的主要手段，对城市社会空间结构的演变起着控制和指导的作用，对城市社区和社会团体的形成和发展具有关键的影响。政府部门能够利用规划权和投资权来对城市不同区域的功能进行划分和布局主要的基础设施，以更好地指导房地产公司的投资决策。此外，为了追求中心城市的财富和形象的效应，政府常常在城市中部规划高端商品房，并计划在城市的边缘建设拆迁安置房屋和普通商品房。这种追求地级差收入最大化的理念，客观上进一步促进了城市生活空间的分化和隔离社区的建设。

（2）城市公共空间管理中的价值失范

在城市公共空间的管理中，存在着个别权力滥用的情况，比如城管在执法过程中使用暴力、过度执法等现象。城管作为政府公权力的代表，在日常的工作中更要严格按法律规章制度办事，不能采取暴力执法的手段。

第一，有些城市政府的决策体制不能充分吸纳市民诉求。一方面，在进行城市公共空间的治理过程中，政府依旧占主导地位，市民的有效参与不足；另一方面，我国公民参与公共事务的意识相对来说还比较淡薄，缺乏一定的主人翁意识，不能主动地参与到政府的决策制定中来。比如关于城市的流动摊贩问题，部分城市政府就没有充分考虑到群众的意愿，城市流动摊贩之所以可以长期存在，也是基于他们拥有一定的消费市场，对于这种现象单单进行强力制止无法从根本上解决问题，而应充分考虑到一些低收入人群的消费能力，在城市公共空间建设中进行合理规划，给流动摊贩提供一个相对良好的空间进行经营，不仅可以解决这些摊贩们的生计问题，也能满足部分低收入人群的基本生活需求。

第二，GDP导向下的政策价值偏差。 改革开放以来，随着单位制瓦解，城市政府的职能在两个方面持续加强，一是经济管理职能，二是城市管理职能。在以GDP为追求目标的导向下，城市政府的市政管理职能服务于经济管理职能，特别是城市规划建设以优先满足经济增长为目的。在某些城市的公共空间的规划开发中存在两种错误倾向：

其一，过分看重商业公共空间的开发。政府通常注重商业集群区域的开发，倾向于建立如CBD这种集商务、住宅、观光休闲等多种功能于一体的城市大型商业建筑群，并对这些建筑群区域内的配套设施进行完善，如学校、医院、大型购物广场等。以这种商业中心的发展带动整个区域乃至整个城市经济的发展，甚至作为城市发展的成果展示场和优质公共环境的标志地，从而提升本地经济软实力，更好地吸引外地厂商来本地投资。

其二，在城市开发中引入公私合作伙伴关系（PPP模式），但存在一定的公共性偏失情况。21世纪初以来，我国城市陆续开始关注通过引入市场和社会资本参与城市建设，以解决公共资金不足的问题，比如在住宅用地出卖时要求开发商同时在建设小区内配建幼儿园、小学等教育设施，一定程度上解决了快速城镇化人口聚集带来的教育资源不足的问题。公私合作是世界范围内政府治理的基本方向，但其中也存在风险。在城市公共空间的开发维护上，由于市场资本不倾向于没有收益的公共空间的开发，特别是住宅中生活性公共空间的开发和维护，从而导致此类公共空间缺乏增长动力。同时，也有市场运营行为将公共空间转作私人商业用途的风险。

典型案例5：一个典型代表——"上海新天地"项目[①]

上海新天地是太平桥地区改造工程的其中一部分，太平桥地区毗邻历史悠久的上海老城区。近代以后，这里曾是人口密集的地区。随着大规模的建设和开发，该区域原有的基础设施和物理环境已不能适应上海中心商务区发展的需要，这就意味着老城区系统改造的时机已经到来。

"上海新天地"项目是主要由卢湾区政府与香港某集团一同出资开发建设的城市公共空间，根据双方的协议规定，香港某集团负责开发的部分包括西向的"上海新天地"、南向的住宅小区、北向的高端住宅和办公建筑，还有包括太平桥的绿地在内的52万平方米土地。

新天地主要是一条南北朝向的长方形的广场，东西向的兴业路把它分为了两个部分：南里和北里。南里主要是在拆除旧建筑的基础上新建了一个购物娱乐中心，引入了许多独具特色的商家。包括来自世界各地的美食和饮料，著名品牌的时尚精品店，时尚珠宝店，电影院和年轻人比较喜爱的健身中心。北里则由多幢石库门老建筑组成，在进行重新规划的过程中，结合了现代化的建筑、装潢和设备，改造成了多家来自各国的高级消费场所和餐厅等，充分体现了新天地的国际化。

新天地的核心区是一个连接南北街区的步行广场。该广场部分打破了狭窄的传统车道空间，形成了整个区域的公共活动中心。在该区域附近，已经建立了许多零售企业和餐厅，而旧的城市结构仍然围绕着步行广场，包括交叉街道和狭窄的道路，酒吧和高档餐厅也都坐落在这里。

对于上海新天地的保护与重建是一个挑战。以新天地北里为例，

---

① 叶季如：《上海新天地建筑与环境设计探析》，载《中外建筑》，2005年第2期。

在这片不到2万平方米的土地上,有15条交织的小巷,大约有3万平方米的危险建筑。最早的建于1911年,最晚的建于1933年。其中一些可以直接走到路的出口,一些可以借用其他小巷进出。因此,在整体规划中,首先,理顺两者之间的关系,在密集的老房子中设置一些公共空间;同时,还必须保留所有具有广场特色和石库门巷文化特色的建筑和部分加以利用。

作为旧城中心区公共空间开发的大型示范项目,新天地在设计中成功地运用了该区域原本具有的地理特征。在重新规划和建设中,又赋予了它新的空间秩序和特有功能,创造了一个新的城市空间环境,在传统与现代之间相得益彰。

另外,政府为了追求经济效益而进行城市空间的开发建设,在促进城市经济迅速发展的同时,也带来了一定的负面影响,产生了一系列空间失序等现象:政府对城市空间的开发利用方面,更加偏重于一些能够带来较大经济效益的公共空间,着重发展这些公共空间,而忽视了那些不会产生经济效益的公共空间,但是这些不会产生经济效益的公共空间,又与每个人的基本生活息息相关。

从地方实践来看,一些城市部门在对公共空间的开发方面,过于重视表面上的这种"形象工程"建设,而忽视了真正满足人民群众需要的公共空间的建造。在制定政策和执行的过程中重视能提升城市整体形象的审美空间的建设,而往往忽视了与日常生活密切相关的公共空间的维系。基于这种情况,类似于广场舞冲突事件,以及城市公园和老旧小区的衰败在我国各地时有发生。这样一来就会导致一种结果:政府建设的公共空间不能完全满足群众需求,形成了资源的浪费。

在一些大城市中,商业中心高楼林立,配套设施一应俱全,外地企业也争相在这些城市中进行投资建厂,促使城市的经济迅速发展起来。可是那些与平常百姓密切相关的菜市场、夜市、修鞋铺、修车摊等却早已消失不见，昔日的便民服务设施被一点点地从这个城市规划的枝叶中剪去。这种城市空间规划建设行为会造成城市的部分功能的缺失，不利于城市公共空间的规划利用，也不利于以人为本的目标的达成。

此外，一些城市的公共空间存在着区域上的分布不均衡的现象。在一些高档小区，周边设置有十分丰富的公共娱乐设施、重点学校、知名医院等。但是有些位于城市边缘地区的老旧社区，由于地理位置偏远，政府没有对其进行旧城改造的计划，这些社区的公共空间较为拥挤，在日常生活中很难满足居民的许多自发性活动，时间一久则会引发居民的不满与怨言。

（3）城市治理碎片化下的"多头管理"

城市治理碎片化主要是说在进行城市公共空间治理时，治理的主体较多，并且这些主体之间往往都是进行独立治理，在治理方式上会产生相互排斥的情况，从而形成一种多头管理、纵向管理层级过多的现象，而且各个主体之间缺乏有效沟通和交流，这种情况下往往会导致权责关系混乱，各个职能部门相互"踢皮球"，都不愿意承担起应负的责任，导致许多问题不能及时有效解决。

随着经济的迅速发展，城市化进程不断加快，我国城市公共空间治理方面也出现了明显的变化。但受我国存在已久的计划体制的影响，现在我们国家城市公共空间治理方面仍然比较依赖于政府进行管制。政府进行管制的过程中暴露出来一些问题，比如行政权力链条过长，对于一项问题难以理清相应的职责关系，很容易出现多头管理现象。权力简单下放，而又没有进行后续跟进，造成一些治理问题一时难以解决或无法解决，进一步导致我们国家在城市公共空间方面的碎片化治理现象。

城市公共空间治理的碎片化现象，在我国的城市空间建设与发展过程中产生了较为负面的影响，治理的碎片化非但不能有效应对城市公共空间失序的问题，还会创造出空间失序的现象，危害城市公共空间的有序发展。

首先，纵向的权力层级较多，权责不清。目前来看，我们国家施行的城市管理体制主要是分级管理的模式，市委市政府、区委区政府和市、区、街道、社区组成"两级政府四级管理"的权力模式。在这种城市管理模式下，很大程度上会造成纵向权力层级较多、权责配置不合理的现象，从而导致权力结构方面的碎片化。若在进行城市管理中，一味进行权力下放和事务下放，使工作都积压到基层部门，基层部门继续下放，这样一来行政链条就不断延长，纵向的权力层级太多，导致一些城市公共空间失序的情况出现，降低了政府的治理效率。随着社会形态的转变，城市政府的治理理念也在逐步变化，需要部分政府部门在进行城市公共空间的规划与设计的时候与时俱进，及时跟上人民群众逐渐变化的基本利益需求。

其次，集体行动缺乏制度均衡性。在城市公共空间的治理本来应该是多元主体共同治理，然而，在治理过程中，一旦其运行的主体或相应的供给方式存在问题，就很可能导致城市公共空间治理过程的碎片化。事实上，在许多治理领域，多个中心的公共服务供给模式已经形成，可在实际的运行过程之中，对运行主体、供给方式等关键环节的问题都没有进行较好地处理，各级政府部门还没有建立有效的协调机制。因此，多主体间的权利和责任分工不确定，参与城市社会空间治理的范围较小，协同治理的效果是无法发挥的。同时，城市公共空间作为一种典型的"公共地"，各层级各部门之间容易出现相互推诿的现象，都认定不是自己的责任，致使城市公共空间问题得不到有效解决。

第四章

空间正义：城市公共空间治理的价值追求

城市公共空间的秩序性要求、城市公共空间失序的复杂诱因都说明，解决城市公共空间相关问题单单依靠规划设计的路径是不完备的，必须将视野放大到社会建构的维度，即从城市规划走向空间治理，建构较为系统的城市公共空间治理的认知逻辑和实践体系。空间正义的视角和理论发展为解释城市公共空间失序问题提供了重要线索，也促进形成了城市公共空间治理的价值基础。

一、空间正义理论及其启示

"对正义问题的观察不能脱离城市情景，不仅仅因为世界上大多数人生活在城市中，更因为城市浓缩了现代社会的多样性冲突和张力。"[①] 随着正义研究的触手伸向城市，城市正义受到关注，而在人文地理学的贡献下，空间作为城市性的基本要素又与正义紧密联系起来，城市、空间和正义思想交织碰撞，催生了一个涵盖小到邻里街道、大到全球体系的、用空间和空间性作为线索将许多原本分离的社会问题串联起来加以考虑的研究视界，促进形成了认识世界的新方法论体系，以及由此产生的空间正义理论。空间正义理论的产生和发展对我们认识和解决城市公共空

---

① Erick Swyngedouw, *Divided Cities*, Oxford: Oxford University Press, 2006, p.263.

间失序现象具有启示意义。

(一) 空间正义的理论脉络与基本内涵

从 20 世纪 70 年代开始,"空间转向(spatial turn)"在西方社会理论中得到了广泛的关注,社会学理论中"空间转向"的理论想象力始于法国著名社会学家列斐伏尔对空间的重新认识。在他看来:"(社会)空间就是(社会)产物"①,空间中弥漫着社会关系,社会空间的生产同样也是社会关系的生产与再生产。既然存在着一种空间的政治,那么空间的生产不能仅仅考虑其经济的合理性即效率,而必须考虑其伦理的正当性即正义。② 空间正义的思想正是在这种转向中逐渐汇集而形成的。尽管空间正义仍是一个不断发展的当下理论,但我们仍能从理论脉络把握其内涵。

1. 空间和空间生产

列斐伏尔等人的空间思想,将空间概念重新带回社会科学理论中,用空间思维来重新审视社会。由于之前对空间的理解只停留在空间的物质属性上,列斐伏尔批判了这种将空间作为社会关系演化的静态"容器"或"平台"的传统社会政治理论。列斐伏尔认为传统的空间观只看到空间的物质属性,而忽略了空间的另一个重要属性——社会属性。从社会生产的角度看,空间本身具有生产、交换和消费的特征。空间直接参与生产和自我生产,是生产关系和生产力的重要环节。空间在现代社会中的地位越来越高,因此列斐伏尔提出了这样的论断:"我们已经从空间的生产转向了空间本身的生产"。③ 即空间不再被理解为生产的众多要素中

---

① Henri Lefebvre, *The Production of Space*, Translated by Donald Nicholson Smith, Oxford: Blackwell Ltd, 1991, p. 26.
② 钱振明:《走向空间正义——让城市化的增益惠及所有人》,载《江海学刊》,2007 年第 2 期。
③ [法]列斐伏尔:《列斐伏尔专辑:空间的生产》,包亚明主编:《现代性与空间的生产》,上海教育出版社 2003 年版。

的其中一个，而是生产本身。空间的生产也是社会关系的生产和再生产。

所谓空间转向就是社会转向，城市空间是社会生产的结果而不仅仅是自然赋予。自"空间转向"以来，基本共识已经形成，即空间兼具有自然属性和社会属性，且二者辩证统一，空间是一个包含各种社会关系、社会权力、社会矛盾和冲突的领域。与空间的多重属性一样，空间生产具有三重属性：自然性、精神性和社会性。[1] 空间首先是物质形式的存在，具有使用价值，其自始至终都无法脱离物质资料的生产而独立存在，因此空间的生产如同机器化生产一样有着自己的组织和逻辑[2]；空间生产的精神性表现在空间不仅有着实际功能，还可以被赋予一种抽象的价值，成为一种象征符号，这也就催生了"空间拜物教"的现象，有些空间象征着财富与高贵，而有些空间则象征着贫穷与低贱；空间生产的社会性表现为空间的生产不仅是对空间、社会空间的生产，也是对生产关系的再生产[3]。城市发展是城市空间生产的结果，发展中形成的问题也应该通过社会行为即社会实践来加以解决，这也凸显了社会行为本身的价值取向的重要性。

2. 空间生产的正义指向

空间生产不仅是空间资源的分配和再生产，而且是社会关系的再生产。在这个过程中，空间与权力密不可分。法国学者福柯的空间思想讨论空间与权力的关系，他指出，空间处处充满权力，空间权力运作不仅是构建工具也是其运作所必需的，统治者通过空间分配来确保纪律通过自己的力量在空间中运行，被统治者对空间中到处存在的权力是无能为力的。[4] 为了抵抗权力，列斐伏尔在批判资本主义城市空间的压迫和异化时提出了"城市权利"的概念。"城市权利"是公民控制空间生产的权

---

[1] 唐旭昌：《大卫·哈维城市空间思想研究》，人民出版社2012年版。
[2] 孙全胜：《城市空间生产：性质、逻辑和意义》，载《城市发展研究》，2014年第5期。
[3] 赵文：《空间的生产》，载《国外理论动态》，2006年第1期。
[4] 王丰龙、刘云刚：《空间生产再考：从哈维到福柯》，载《地理科学》，2013年第11期。

第四章 空间正义：城市公共空间治理的价值追求

利，城市居民有权拒绝国家和资本的单方面控制。① 哈维认识并继承了城市权利的概念，他认为"城市权利是根据我们的意愿改变和改造城市的权利"，这种权利的运作取决于集体的力量，"所以城市权利是集体权利，而不是个人权利"②。城市权利是一种集体表达，而不是个人主张。当城市权利落入少数政治和经济精英的手中时，无疑是对城市群众的城市权利的剥夺。只有诉诸集体力量，普通人才能实现对城市权利的要求。

为了进一步研究空间生产的价值，哈维将"社会正义"引入了空间研究，在布莱迪·戴维斯（Brady Davis）"区域正义"概念的基础上，提出了"区域再分配正义"，即通过正义对社会资源进行公平的地域分配。既要注意分配结果，又要强调公平的地域分配的过程。哈维的研究不仅对各种形式的空间分布不公进行了审视和批判，更重要的是对"空间"社会生产过程的不公进行了揭露和批判。③ 随后，南非地理学家皮埃尔（G. H. Pirie）正式提出了"空间正义"一词。他对空间正义的理解更多的是指空间资源配置的正义。虽然这一概念的界定存在局限性，但他的研究无疑对相关问题的概念化作出贡献，为日后号召以"空间正义"为旗帜的学术研究创造了思想基础。④ 空间正义是社会正义在"空间转向"过程中的空间化，哈维提出了基于过程的空间正义思想。中国学者任平认为，所谓空间正义，就是空间生产和空间资源配置中的社会正义。空间正义的提出，明确了空间生产的基本价值取向。⑤

虽然学者们对空间正义的具体内涵有不同的界定，但正义作为空间生产的价值取向是十分明确的。它提倡城市发展的好处，社会各阶层、各利益相关者对城市空间生产中的各种剥夺、压迫、分割等现象进行批

---

① 曹现强、张福磊：《空间正义：形成、内涵及意义》，载《城市发展研究》，2011年第4期。
② 戴维·哈维：《叛逆的城市——从城市权利到城市革命》，商务印书馆2014年版。
③ 张佳：《大卫·哈维的空间正义思想探析》，载《北京大学学报》，2015年第1期。
④ G. H. Pirie, "On Spatial Justice", *Environment and Planning A*, Vol. 15, 1983, pp. 465–473.
⑤ 任平：《空间正义——当代中国可持续城市化的基本走向》，载《城市发展研究》，2006年第5期。

判，关注城市弱势群体的空间权益，赋予他们应有的空间斗争权利，而这是结果与过程的有机统一。

3. 空间正义的谱系拓展

尽管关于空间正义的概念学界目前仍未形成统一的界定，但空间正义的理念是十分清晰的。一定意义上来讲，空间正义思想与其说提供了一个新的学术概念，不如说是一套认识世界的新方法体系。作为集大成者，索亚从一开始并不支持给空间正义以明确的定义，他更主张在弄清认识世界的新方法论的基础上，尽可能地发挥来自各方的想象力，特别是不同学科、不同理念，如环境正义、领地正义等概念的整合式发展。这种新的方法论基础就是他所提倡的三元分析框架，即人类世界是社会/社会性（social/societal）、时间/历史性（temporal/historical）、空间/地理的（spatial/geographical）的存在。① 以引例为激发想象力的途径，他提出对不公正的地区发展失衡、公共空间私有化、地理上的分配不平等、新殖民主义等适合于应用空间性的正义加以观察。时至今日，在空间正义的理念下，不同学科、不同研究趣旨的学者尝试用这种新的方法论来拓展对原有问题的解释，不断生成富有解释效力的解释框架与知识谱系。

一是批判理论下的空间正义。这种范式是建立在资本、权力和意识形态话语实践的基础上的。它认为空间是当代资本最重要的存在方式。它是权力或资本运作的场所和重要组成部分。"空间正义"不断进入"现代资本主义生产模式"，推动"现代资本主义生产模式"的空间化。空间生产与再生产是资本主义及其生产方式不断生成和延续的内在机制。② 在资本和权力的空间化过程中，城市居民面临着多重的基于空间的剥削、压迫和制度控制。在现代性语境下，社会空间扩张所带来的空间正义风险表现为资本和权力通过空间的全面渗透、扩张和自我延伸，在资本和

---

① Edward W. Soja, *Seeking Spatial Justice*, Minneapolis and London: University of Minnesota Press, 2010, p. 70.
② 林青：《空间生产的双重逻辑及其批判》，载《哲学研究》，2016 年第 9 期。

权力的基础上产生结构性的压迫和剥削。社会的结构性矛盾、社会地位的不平等、社会正义与发展正义的破坏、空间的破坏及其空间正义是当代社会风险的根源。空间正义的实现必须是资本或意识形态的批判，反对资本的空间生产过程。①

二是文化建构主义的空间正义。它以空间的文化表示正义的特征为基础逻辑，突出以文化背景和文化的象征性来构建空间正义的想象维度。建构主义的文化空间特别强调文化实践主体通过空间表达某些文化特质的实践活动，也关注空间建设形态对文化的意思表达。认为特定地理空间框架都有自己的独特的文化和道德表示，通过文化仪式的空间文化的实践和社会建构表现过程、方法、结果和具体化的文化符号。经由文化的空间互动，各文化实践主体作出策略性选择和对空间的技术性运用，不断建构与再生产空间的正义性风险，诸如贫困人口集聚和隔离的"边缘性空间"的文化建构、"贫困文化表征"的空间生产与再生产以及基于空间的贫困的代际文化传递等。

三是结构功能主义的空间正义。这种路径强调结构—系统的表征关系，突出以结构功能、行为系统、人格系统和道德系统为归依的空间正义属性，认为现代社会的财富占有与资本分配（经济制度）、权力分配（政治制度）和地位认同（人格制度）日益空间化。通过空间互动，共同推动了社会正义的空间转向。空间正义扩展了经济社会发展体系中的正义属性，是现代社会实现社会正义的重要内容和现实路径。② 在具体的研究实践中，这条路径的研究者也将空间正义与系统的可持续发展联系起来，认为空间是系统可持续发展的内在组成部分，空间正义的概念为可持续发展观也提供了新的支撑，是可持续发展体系中的核心伦理关怀和

---

① 潘泽泉、杨金月：《寻求城市空间正义：中国城市治理中的空间正义性风险及应对》，载《山东社会科学》，2018 年第 6 期。
② 任政：《当代都市社会语境中的正义转型与重构——一种空间正义构成维度的反思》，载《天津社会科学》，2017 年第 3 期。

伦理再造。①

四是日常生活实践中的空间正义解释范式。该范式基于主体性行动、策略性过程和空间正义的日常生活实践，将空间正义嵌入于主体性社会的日常生活实践之中，认为在权力与资本支配性网络（宏观社会结构）的间隙，在精英主宰、技术理性统治下的城市规划方案制订和实施过程中，人们不断通过策略性的日常生活实践进行"诗意的抵抗"，在夹缝中制造"违规的空间""不得体的空间"，通过城市社区运动、空间正义运动等制度化的集体行动或分散的非组织化行动，挑战列斐伏尔意义上"空间的表达"（representation），制造"表达的空间"（spaces of representation）。②

（二）空间正义视角下的城市公共空间审视

从理论渊源上来看，虽然空间正义的思想发起于对西方发达国家城市危机的空间形态的反思和批判，但对观察我国的城市社会空间仍有借鉴意义，特别是对于城市公共空间这类典型的社会空间统一体。作为空间正义思想重要传播者索亚的学生，德克西（Mustafa Dikeç）对空间正义的界定勾勒出了空间正义的理论框架。在他看来，空间非正义应该是"非正义的空间性（spatiality of injustice）"与"空间性的非正义（injustice of spatiality）"的集合。③ 前者表示正义有一种空间的维度，各种不正义的形式可以通过空间表达出来。而后者则表示非正义可以通过空间的生产予以生产和再生产。从空间正义理论观察城市公共空间的问题，我们必须认识到，城市公共空间失序本质上是空间非正义的一种形

---

① 冯鹏志：《时间正义与空间正义：一种新型的可持续发展伦理观——从约翰内斯堡可持续发展世界首脑会议看可持续发展伦理层面的重建》，载《自然辩证法研究》，2004年第1期。
② 陈忠：《空间辩证法、空间正义与集体行动的逻辑》，载《哲学动态》，2010年第6期。
③ M. Dikeç, "Justice and the spatial imagination", *Environment and Planning A*, Vol. 33, No. 10, 2001, pp. 1785 – 1805.

式，而城市公共空间失序本身也正在生产和再生产着社会不正义。

1. 非正义的空间秩序：城市公共空间失序的实质

集聚化的空间生产是"空间正义"产生的问题面板，空间非正义是对于空间问题的概念总结。城市公共空间失序本身就是空间非正义的一种问题聚集，其所表现出来的私人化、空间区隔与排斥、空间冲突等现象天然地就是社会正义所要讨论的对象，它们与权利、机会、身份等社会不平等的现象紧密联系在一起。正义问题的形成不是单一因素所导致的，而是多种因素相互作用所产生的，是因素叠加的结果。"今天成为不平等形成原因的多元化因素，包括：阶级、种族、民族、性别、兴趣、年龄、居住区域、移民状况、住房、环境正义以及文化认同，等等"。① 因此，造成正义问题的因素是多方面的、多元化的，既有经济因素、政治因素、文化因素和历史的因素，又有空间因素。

早期的城市公共空间研究并不把空间失序看作一个正义问题，虽然它经常性地与权利平等联系在一起，但对其正当性并不预设判断，甚至对由资本驱动的城市发展过程中公共空间的失序问题持默认态度，不仅接受其不可避免性，甚至将其视作个体自由的充分体现和最优资源配置方式。然而，对空间问题的忽视意味着忽视产生正义问题的本源之一，即空间性。从空间正义的维度来看，城市公共空间失序是一种不正义的存在，解决失序问题要从寻求正义的方案中找寻方向。也就是说，虽然城市公共空间失序有着极其复杂的社会诱因，但通过追求正义的空间生产过程可以重构城市公共空间正义失序。"'空间正义'是一个'不会有终极答案'的话题，也是一个'永远在路上'的城市化征程。既是所指、能指、内涵、外延不断变化的话语生产，也是各种群体、阶层、组织和个体反复博弈、相互妥协的结果。同时也还要记住，一个时代有一个时代的空间正义，一个城市有一个城市的空间正义。但我们希望通过一代

---

① 爱德华·苏贾：《后大都市》，李钧等译，上海教育出版社2006年版。

又一代人的努力和奋斗，最终能够形成一个比较理想的正义概念，建成一个为绝大多数人所认可和接受的正义城市。"①

2. 社会不公的生产和再生产：城市公共空间失序的危害

城市公共空间的隔离、排斥和冲突本质上是社会阶层分化在空间维度的表现形式，而城市公共空间的非正义形态又进一步推动了阶层分化的固化和代际传递。市场经济条件下社会分化驱动了空间分异，而空间分异又反过来强化了社会分化。

哈维认为"阶级结构的次级力量"扩大了个人与群众之间的差别，并且将这种所谓的次级力量分成了不同的部分：第一部分是"残余的力量"，也就是出现于以前历史阶段的某些生产方式的力量，譬如资本主义早期的封建残余等。第二部分分为五种类型的"派生权力"：（1）分工与岗位专业化；（2）消费方式和生活方式；（3）权威的关系；（4）思想政治觉悟的操纵；（5）流动性机会的障碍。空间分化是影响社会分层的一种重要的"次级力量"。空间为个人的生活提供了共同的背景，也使得生活方式产生和维持，以及工作和教育态度场所出现，从而导致价值观念和社会不平等在城区中能够生产和再生产。

空间分异固化会导致阶层固化。城市公共空间是城市一体化的中心，为不同身份的城市居民提供了良好的环境和良好的对话交流机会。通过培养这种自发的、意想不到的交流，城市公共空间塑造了城市文化，增进了不同阶层之间的对话与理解。然而，建立一个隔离社区在很大程度上是一个试图通过识别和能力差异使原来的城市公共空间私有化的过程，而且通常是一个从公共到私人的单向进程，即私有化隔离，社区的增加意味着公共空间的减少。私有化的隔离社区往往伴随着物质财富歧视，这是社会分层的一个突出标志，向整个社会传递着特殊的象征意义，反

---

① 刘士林：《中国城市规划的空间问题与空间正义问题》，载《中国图书评论》，2016 年第 4 期。

映了现有的社会关系，并将长期存在，通过继承财富持续影响社会关系。

对于整个城市而言，隔离式的居住模式导致了社会问题的持续出现，甚至可能出现"隔离城市"①。城市中处于优势的地理位置或者是交通发达、基础设施较为成熟且有着良好风景环境的城郊地区，被高收入人群所占有；低收入人群则生活在交通不便利、基础设施较差、环境资源处于劣势的地区。② 占有的地区不同以及居住空间上的不衔接，生活在城市不同空间内的群体，所获得的公共产品和服务的水平是不一样的。高收入群体和低收入群体没有办法对城市公共服务有着相同的接近性。同处一个城市的居民因为收入存在差距导致了不能享受同等优质的城市公共设施资源。这样的公共产品供给状态，显而易见是不公平的，存在隔离感，通常致使低收入群体感到一种相对剥夺感，加剧了不同阶层的对立冲突。

同时，居住空间分化加剧了分层结构的产生，而空间区隔的邻里、社区变成了"复制出"特定阶层的教育场所。也就是说，个人视野的形成某种程度上取决于所在的生活区间：因为个人的社会化过程背景来自于幼时成长的邻里、社区，不同社区的教育资源的质量和配置存在着差异，对待教育的观念看法也同样是不一样的，从而使得对待教育的消费方式和程度是相互适应的，在此种情况下，具有了重新生产出同一阶层的可能。因此，当这种特定社区的价值观积淀的固化成了某种意识形态，那么，比较稳定的居住差异结构中出现相对固定的社会群体的走向就会随之得到增强。譬如：美国城市当中就存在着"富人区"和"穷人区"的分隔，穷人受困于贫乏的资源环境当中，对于整个社会有着极其有限的认知，因此，某些时候不是外界因素的影响和干扰，而是穷人自己被

---

① 甄智君、梁鹏：《转型城市中的空间重构及治理重构：国外隔离社区研究综述》，载《公共管理研究》，2009 年第 6 期。
② 何艳玲：《从破碎城市到重整城市：隔离社区、社会分化与城市治理转型》，载《公共行政评论》，2011 年第 2 期。

自己的认知限制在所处的阶层，无法摆脱这种状态。通过空间社会差异在代际进行传递，即我们常说的代际不正义。

二、追求正义性的空间：城市公共空间的正义形态

符合正义原则的城市公共空间形成是建构城市公共空间秩序的基本要求，也是实施城市公共空间治理所要达到的价值目标。就当前中国城市发展的实际情况来看，正义性的空间形态至少应包含以下几个内容：

（一）阶层混合的居住模式

不同阶层的混合模式就是把不同的收入群体和不同阶层的居民从街坊层面组织起来，解决因居住分化而产生的社会排斥现象。这种居住模式不仅能够增进处于不同阶层的人们的日常生活交往，彼此之间还可以进行沟通，从而加深对于对方的了解，而且在成本既定的情况下，低收入群体可以享受到社区中的服务设施和社会资本，有效降低社会排斥，促进社会的发展融合。混合居住是促进优势阶层和弱势阶层共享生活环境、平等融入公共空间的生活空间模式，是以空间形态的调整带动社会结构优化的典型代表。

混合居住模式是当今各国政府都积极推动的空间政策，是缓解因不同的阶层居住分化而出现的居住隔离与社会排斥现象的有效途径。"二战"后，随着经济的快速发展，西方国家城市地区的社会分化、居住隔离和贫困问题日益突出。与此同时，为了解决中低收入家庭的住房问题，政府在城市地价低、基础设施缺乏的弱势地区建设公共住房。公共住房的大规模建设加剧了居住的孤立性。为了应对这一日益严重的社会问题，西方国家采取了混合生活方式。美国是较早和较全面采取混合居住模式的国家之一。美国住房和城市发展部在推广混合住宅模式方面采取了两种主要方式：一是，采用分散式的方式，将待开发的公共住房单元划分

为小群体，并将其分配到现有的中高收入社区。这种方法强调了政府规划在居住区建设中的作用。二是将公有住房与商品房相结合发展，使公有住房比重在20%~60%之间。合并居民家庭收入水平的浮动范围为平均收入水平的50%~200%。美国政府还以住房补贴的形式补贴一些低收入者，鼓励他们在非贫困社区租房。①

目前，欧洲国家普遍采用的混合居住政策主要是通过在公共住房区内增加私人免费住房来降低公共住房的集中度。通常是通过拆除和出售公共住房，或者将废弃的公共住房改造成私人住房，吸引更高收入的人群搬进这些社区。与此同时，新建社区也有一定比例的公共住房。例如，英国1990年颁布的《城乡规划法》明确允许政府与私人开发商谈判，并将能够建造一定数量的公共住房作为发放规划许可的条件。法国政府还规定，2000年后，20%的公共住房必须建在新开发的社区，在某些特殊地区比例更高。

混合居住模式对于缓解特定问题有着良好的方向指引作用，对于政府部门在公共住房政策的制定上也发挥了较大的作用，但是由理论到实际的执行过程中仍然存在问题。混合居住邻里相对于商品房小区而言，对高收入阶层的吸引力大打折扣，导致混合居住邻里的商品住宅空置率较高。为了能够吸引较多的高收入群体，在房屋建设和维护中就需要投入更多的资金，这样就给财政带来了很大的负担。另外，社会各界对于混合邻里所发挥的效用存在着争议。如有民众对于物质空间的衔接能否对不同的阶层之间的交往产生直接影响存在怀疑，原因是高收入阶层和低收入阶层经济背景差别较大，其在价值观念和生活方式等方面存在着差异，导致了阶层之间的隔离仍然未被完全打破，在某些情况下甚至会加剧社会群体之间存在的矛盾，增强双方之间的厌恶感。对于混合居住模式不能否认其存在的问题，但是也要客观正面地认识它，如果处理得

---

① 孙斌栋、刘学良：《美国混合居住政策及其效应的研究述评——兼论经济适用房和廉租房规划建设的启示》，载《城市规划学刊》，2009年第1期。

当，这种模式能充分发挥好的效果。

（二）公共服务的空间均等化

公共服务也是一种空间化的存在，它只有附着于特定的实体空间上才能被使用。一方面，优质的城市公共空间本身就构成一种公共服务，是城市政府应该提供的公共产品。另一方面，公共服务及其设施构成城市公共空间的重要元素，城市公共空间或多或少都承载着某种公共服务的功能，比如公园绿地中的健身设施、广场中的公共文化表演等。推动公共服务均等化不仅要实现社会成员的全覆盖，也要实现城市空间的全覆盖，即空间均等化。

公共服务及其设施的"均等化"不等于"平均化"。所谓"均等化"，从空间分布上看，是指城市中所有地区的公共服务水平在基准水平线以上，以此保证居民基本的机会平等不因其居民地区各方面条件的落后而受到损害；从服务对象上看，公共服务设施的空间均等化还包括时间和空间可达性的均等化，强调社会群体与服务设施机会的均等化。当前，我国城市化和经济发展已经进入了一个转型期，应重视公共服务设施的配置和居民日常生活的社会空间公平，特别是低收入群体公共服务设施的配置。

首先，要打破现有住宅规划区的限制，根据社区的实际发展需要，合理安排公共设施。2018年《城市居住区规划设计标准》以人的步行时间作为居住区分级的出发点来分级配套服务设施，突出了居民能够在适宜步行时间内达到相应的设施，引导配套设施的布局。该标准认定居住街坊是居住区构成的基本单元，结合居民的出行规律，在步行15分钟、10分钟、5分钟的范围内可分别满足其日常生活的基本需求，因此形成了居住街坊及三个等级的生活圈居住区，分别对应50000—100000人、15000—25000人、5000—12000人、1000—3000人四级居住区等级。这种配置规则一定程度上为推动公共服务的均质设置提供了标准，但没有考虑到居住区中社区形态的多样性，有时会出现居住区服务设施总体达标，但社区之间却存在明显差别的情况，甚至是两个临近社区出现"大吃小"现象。因此，公共服务空间均等化要求在实际规划和建设中打破人口规模的限制，灵活地采取办法措施，特别是对于人口没有达到群体水平的社区，公共服务设施在地理空间上也要达到均衡分布，减少欠缺、不足和过小的问题。同时，社区人口结构的划分应充分考虑不同人群的服务需求。例如，低收入人员和失业人员较多，需要增加再就业培训，如劳动保障、扶贫机构等。再如，因为老年人口占很大比例，增加老年活动室、老年照护室等老年场所。

其次，要提高低收入社区服务设施的质量和等级。所谓提高低收入群体社区服务设施的质量和水平，就是参照"最小受惠者利益最大化"原则，给予居住空间上的弱势者以倾斜化的支持关照，使他们不因自身收入能力的低下而连带享受不对等的基本公共服务。在日常生活中，人们倾向于使用更高层次的服务设施，因此服务设施质量的差异会导致服务设施中的社会空间公平问题。这一问题在低收入群体中尤其严重，因为低收入群体只能住在负担得起的住房中。在中国的许多城市，医疗机构和商业设施将解决低收入群体在日常生活服务中的问题，但其水平和质量与城市其他地区相较的话，在服务设施方面存在着很大的差距，这使得很多人为了在现实生活中获得优质的服务，要克服巨大的出行距离。因此，应加强低收入社区服务设施的质量和等级。

（三）有吸引力的社区公共空间

人的个体独立性存在以其社会性为前提，人的交往构成了人类社会生活的基本形态，交往活动也是城市生活与社区生活的精神核心。良好的社区交往活动为居民营造了对话的空间和可能性，建构了通畅的交流渠道，使其在交往活动中丰富日常生活，增进感情，提升生活幸福感和对社区的归属感。因此，居民日常交往空间的塑造是影响城市与社区发展的重要因素之一，特别是处于社会经济转型时期传统邻里逐渐瓦解的中国城市社区中，更要注重营造适宜的社区公共空间。

第一，居民是社区公共空间的需求主体，应以居民需求为核心，积极打造适宜于居民自发性活动和社会性活动的公共空间，如在社区内提供广场、公园、亭台等开放性空间，社区规模较小的社区可以尝试建设微型广场，在社区内道路两侧充分利用公共空间，增设健身器材设施等，在有限的范围内充分提高空间的利用效率。

第二，增强设计的技巧性，以巧妙合理的设计方案提升居民在小区停留的休闲时间。以审美性、舒适度和易于交往的空间构建为目标来建构居民交往的空间，例如，在面向社区道路的建筑一侧增加座椅、遮阳篷、凹槽等，为人们提供休息区域；或在社区内建设公园或广场，边缘设置座椅、长椅等，充分利用边界效应，促进居民互动。目前，我国许多住宅小区都采用草坪、花池和树木作为绿化设施。这无疑增加了社区的景观功能，但只能从远处观看，不适合居民互动。因此，可以尝试加强公共设施的功能性，增加居民在家门口逗留的时间。

第三，充分利用社区内的小规模空间。研究证明，小尺度通信空间的网络效应远大于同一区域的单个大尺度空间。因此，应该强调社区中各种小规模空间的使用。例如，在楼梯口较大的建筑中，可以在楼梯口放置额外的座位，不仅可以让老人休息，还可以增加居民的停留时间，增加居民互动的可能性。

第四，强调创造灵活的沟通空间。从实际生活经验来看，居民的日常活动并不局限于预设的场所，而是具有一定的随机性。例如，居民的健身活动可以在社区广场进行，也可以在社区内进行，如在道路上和房屋之间的空地上。在社区公共空间建设中，应注重创造灵活的交流空间。因此，在社区公共空间建设过程中，应避免过分强调单一功能，强调开发多种潜在功能。例如，社区广场不仅是人们聚集、交谈、活动的场所，也是老年人健身、儿童游戏、晒太阳的场所。因此，应注意遮阳与采光的结合、硬铺装与软土地基的结合。

第五，拓展虚拟公共空间，缓解物理公共空间的拥挤压力。随着信息通信技术的普及和快速发展，日常通信的网络化趋势是不可逆转的。我国社区建设应抓住时机，大力发展社区网络、社区平台和社区空间建设。在未来的社区建设中，要加强社区网络社会空间的创建、维护和监督，促进居民之间的互动，正确引导社区精神的形成。

（四）空间组织的多中心结构

空间组织是城市空间结构中具有聚集空间要素的一类经济社会组织，比如政府、企业、公共服务机构等。之所以称这类组织为空间组织，是因为这些组织往往是标志某个区域或空间的基本载体，比如政府所在地往往是权力空间，而大型商业聚集区则为商业空间。就业场所也是典型的空间组织，因此，就业与居住的互动关系是城市空间管理的核心。导致居民就业和居住分离的因素很多，但在市场经济条件下，其根本原因是由于就业机会、教育、医疗、商业及其他资源和生活空间的错位造成的。因此，要从根本上消除占用与居住的分离及其负面结果，有必要解决上述资源与居住空间不匹配的问题，促进占用与居住空间的平衡。

空间组织的多中心结构首先就意味着从规划的角度优先实现各类空间组织在地理位置上的均衡分布，避免过多地集中于特定区域，比如城市更新改造过程中，优势机构有向新城区聚集的趋势。就公共空间本身而言，优质的公共空间（比如绿化空间、园林景观、文化设施，等等）更容易向大型空间组织所在地聚集，如大型企业、地方政府所在地，或者标志性城市建筑。而在一些老旧城区，特别是有吸引力的空间组织稀薄的区域，公共空间往往呈现衰落迹象。同时，我们也要注意到，大型空间组织对公共空间的需求往往更大。比如，医院周边对停车场、人行道路、休息区的需求就很大，而现实是往往出现过度拥挤的情况。在许多城市中，由于历史原因，大型医院往往集中于城市中心，而这些区域经常出现停车难、公园绿地被挤占或变更的情况，这充分说明空间组织的多中心结构对城市公共空间的有效运转具有十分重要的意义。因此，空间组织的均衡分布是促进实现多中心结构的重要途径。

（五）共享式公共活动场所

社会阶层分化所造成的社会空间差异不仅反映了居住区的分布，也反映了居民日常生活和活动空间的分化。目前，政府和学术界主要关注的是生活空间差异所带来的社会空间效应和治理方式，而对居民日常活动所带来的社会问题和活动的差异性关注较少。收入差异和社区资源差异导致的活动空间分化也可能导致社会排斥，阻碍社会融合。促进社会阶层的融合，既可以通过不同阶层之间的混合生活来实现，也可以通过促进不同阶层之间的公共活动共享来实现。有几种方法可以做到这一点：

首先，确保公众活动地区、公共服务设备的对外开放性。目前伴随社会经济的转型，我国出现了类似于西方20世纪八九十年代的城市公共领域衰败现象，一方面伴随社会观点和当下生活方式的改变，很多从前出现的公共领域的活动被渐渐转向私人地区，另一方面随着人民生活水平和产权观念的改善，公共场所和服务设施的个人化、俱乐部化，或者是公共空间的私有化现象偶有出现，很多场所直接按照居民的消费水平设置准入标准，导致的结果就是社会活动场所的私有化、排他化，从而将城市中不属于本"俱乐部"的和低收入的居民划分在外，造成了公共领域变得更"狭窄"。所以，城市管理部门应首先确保公共活动场所和服务设备的对外性，一方面，地方政府应严厉打击私人侵占公共空间的行为，将公共空间开放给公众；另一方面，政府运营的公共场所应该合理地偏向低收入群体。特别是那些收费的公园、体育场馆等要对低收入群体予以优惠，即类似实行"最小受惠者利益最大化"，从而确保各收入阶层有同等的进入权利。

其次，要创造适合不同阶层共同活动、适合交往的包容性的公共活动的场所。公共活动场地的"公共性"表明它是面向所有公众的具有平等性的场地,公共活动场地不只是人们平常活动的物质载体,更在于它是人们来往与社会相互连接的媒介。所以,良好的公共活动场地是适合所有阶层的日常活动、适合于社会阶层间交流和沟通的包容性平台。城市部门和管理者可以根据城市和社会发展的实际情况,有针对性地建设包容性公共活动场所。例如,在不同类型的社区之间建立绿地、广场、体育馆等,这样来自不同社区、不同收入的居民就可以进入其中活动,但公园、广场的规模不应该太大,否则有可能造成群体间在活动场地的分化。另外,在公园、广场等公共活动场地可以配备儿童娱乐设备和适合老年人休息、活动的休闲设施。现有研究表明,不同阶层的成年人很大程度上难以快速建立社会互动,但是儿童却由于相同的兴趣和爱好而易于构建伙伴关系,看护孩子的家人也有可能在看护过程中相互交谈,因而间接有助于社会交往的发生。同时,老年人之间的社会阶层隔阂也比较少,也比较容易构建起社会互动。所以,在实施公共活动场所和设施的构建时,要增加针对少年和老人的设备,确保社会阶层间相互交往的实现。

最后,通过尝试建设有魅力的城市公共活动场地以及设备,特别是具有纪念性、标志性的公共建筑,更有可能实现居民对这个地方的归属感和认同感,从而可以将不同阶层的人相互联系起来。

(六)阶层融合

化解城市公共空间失序的根本性动力来自城市社会阶层的融合。阶层融合并不意味着完全消除阶层分化,在市场经济环境中,社会阶层化是必然趋势。但理论和实践已表明,正义的社会结构也并非绝对一致的社会,适度范围的社会阶层化是社会公正的一种表现。首先,推动阶层融合是从根本上消除空间分异的结构性诱因的手段,从而事实上消除空间区隔和排斥的社会土壤;其次,融合性的社会结构能够增进社会包容性，进而提高社会成员空间实践的包容性，减少空间冲突摩擦的机会，并缓解空间冲突的强度；最后，推动社会融合能够为发生空间冲突时减缓对抗强度、增进理性对话创造社会氛围。

转型期推动阶层融合，宏观目标在于建构"中产阶级"型社会结构。党的十八大报告提出，到2020年我国在收入分配领域要实现的目标是："收入分配差距缩小，中等收入群体持续扩大，扶贫对象大幅减少"[①]。党的十八届三中全会的决定进一步提出，要"扩大中等收入者比重，努力缩小城乡、区域、行业收入分配差距，逐步形成橄榄型分配格局"[②]。这是第一次把形成"橄榄型分配格局"作为改革和发展的目标写入党的文件。培育健康合理的社会阶层结构，将在一定程度上缓解城市公共空间无序问题。

[①] 胡锦涛：《坚定不移沿着中国特色社会主义道路前进 为全面建成小康社会而奋斗——在中国共产党第十八次全国代表大会的报告》，人民出版社2012年版。
[②] 《中共中央关于全面深化改革若干重大问题的决定》，人民出版社2013年版。

第五章

城市公共空间治理：体系、模式和机制

从秩序的维度观察城市公共空间现象，矫正城市公共空间失序的问题，呼唤建立整合性的城市公共空间治理体系。然而，空间和空间性意识在当前中国城市治理、社会治理乃至国家治理的体系中并不是十分清晰，"以空间为对象的治理"在治理实践中尚未引起足够重视，与之相对应的则主要是以"社会性"的事务为划分依据的治理内容。因而，目前我们需要回答的问题是，建构城市公共空间治理体系是否必要，如有必要又该如何建构。本章在简要概括当前我国城市公共空间治理现状的基础上，提出建构统一的城市公共空间治理体系的初步设想，并对其模式和机制进行探讨。

一、城市公共空间治理体系的建构

严格意义上来讲，当前我国并不存在专门的城市公共空间管理或者治理的职能、机构或者政策体系，与城市公共空间相关的管理活动和治理实践散见于其他公共事务当中。甚至于，虽然城市公共空间作为城市规划、园林景观等部门的核心职能对象以及学科研究重要领域和当下热点，城市公共空间的规划设计还没有一个相对规范的标准。然而，现实问题的催逼持续存在，城市治理的实践需求首先在地方层面推动了积极探索。2014年1月1日，陕西省颁发实施了《陕西省城市公共空间管理条例》。这一条例的意义在于，它是全国首部由省人大审议通过的以城市公共空间为对象的地方法规，首次以法规的形式对城市公共空间的规划建设、使用管理、法律责任进行了系统规定。这一法律文本既使我们看到了加强城市公共空间治理的必要性，也折射出当前我国城市公共空间治理的整体状况。

（一）当前我国城市公共空间管理的现状

1. 基础性法律法规体系有待建立完善

目前，在国家层面对城市公共空间管理领域尚没有统一的法律法规作支撑。同时，其他省份也没有与《陕西省城市公共空间管理条例》相类似的地方性公共空间管理法规，即使在市县一级的地方政府也极为鲜见。总体上来看，无论是城市公共空间的管理者，还是空间使用者，目前都在城市公共空间管理方面缺乏法律支撑。

当然，关于城市公共空间的法律法规也并非一片空白。《中华人民共和国城市规划法》《中华人民共和国广告法》《城市绿化条例》等都涉及城市公共空间的规划设计问题，但主要是对物质形态方面的规定。《中华人民共和国物权法》第一百三十六条规定：建设用地使用权可以在土地的地表、地上或者地下分别设立。新设立的建设用地使用权，不得损害已设立的用益物权。

但是，如何取得和利用地面空间权和地下空间权，以及如何开发和建设空间权，还没有明确的定义。2001年，原建设部制定了《城市地下空间开发利用管理规定》，从工程规划、工程建设和工程管理管理三个方面进行了规定，这是我国地下空间开发利用的基本规定，对加强对城市地下空间开发利用的管理，为城市地下空间资源的合理开发利用提供了法律依据。这一行政规章对地下公共空间的开发利用多有指导，但仍然不适用城市公共空间的整体特性。在地方层面，2001年成都市从规划管理角度制定了《成都市建设项目公共空间规划管理暂行办法》，虽冠之以管理的名称，内容实则主要为物质形态设计。

总体而言，我国城市公共空间立法缺乏系统性和特殊性，不能满足当前对城市公共空间进行治理的需要。在此背景下，陕西省制定的《陕西省城市公共空间管理条例》具有填补空白和立法创新的特点。但不可否认，该法规的内容仍存在一些缺陷，特别在可操作性方面仍有待提升。然而我们必须意识到，在我国经济发展过程中，需要建立环境友好型社会，以实现以人为本的城市发展，这是城市公共空间规划和建设的指导原则。从法律角度看，如何以立法的形式实现市民公共空间权利的实现是一个值得思考的问题。以此为契机，必须不断完善城市公共空间管理（治理）的基础性的法律法规体系。

2. "权威规划+执法监管"是当前城市公共空间管理的主要形式

在我国，城市公共空间属于典型的公共资源，主要以公有产权的形式存在。因而，它不属于某一个人或单位所有，由政府代为集中管理。然而，在现实生活中，城市公共空间的破坏行为具有极高的随机性，主要表现是擅自改变公共空间用地的使用方式，如占用道路停车，在公园、广场和道路上设置商业活动场所，设置户外广告，门头不规范，电子显示屏数量过多加剧城市光污染，等等。因而，当前我国政府职能部门对城市公共空间的管理主要集中于两大块内容，一是公共空间的规划建设，一个城市管理综合执法。

城市公共空间的规划建设在我国城市当中要服从于政府的权威规划，这在一定程度上与公共空间公有公用的属性有关。虽然在决策科学化民主化的要求下，公共空间作为与民众日常生活密切相关的对象，在规划决策方面要践行公开、参与的原则，广泛争取市民需求和建议，然而，当前我国城市政治的总体状况决定了在城市公共空间规划设计和建造方面还难以形成有效的公民参与，其形态功能多以政府决策者的判断为依据。

按照权威规划的逻辑继续下去，自然而然就要求将权威规划的结果保持下去，也就是对可能破坏公共目的的各种经济社会行为进行管制。就城市公共空间而言，城市政府的管理职能更多地体现在执法式管理上，这在逻辑上从属于管制的范畴。仅以《陕西省城市公共空间管理条例》为例，其主体内容由两个部分组成，一是城市公共空间规划设计基本形态的规定，其中要求纳入城市总体规划，编制城市总体规划应当重点考虑城市空间结构、功能布局、使用需求、景观保护控制等，既要突出地域特色、文化内涵，又要突出公众需求和综合利用，使城市的总体规划保持超前的时代特色。二是城市公共空间的使用和管理，但主要对社会主体不得从事的公共空间活动的规定为主，如不得擅自占用城市道路、不得擅自在城市道路范围内设置道路停车泊位、不得擅自摆摊设点、不得设置户外广告设施等。而实际上，与监管执法相关的城市公共空间管理还包括许多，如环境执法、交通执法、商业经营执法、城管执法等都包含在内。一定意义上来说，行政执法是当前我国城市公共空间管理职门的主要活动领域。

3. 管理机构和职能的高度分散化

目前，城市公共空间管理在我国涉及十几个职能部门，涵盖多项政府行政执法职能。从整个结构来看，城市人民政府是城市公共空间规划、建设、使用和管理的行政主管部门，对本辖区内城市公共空间的管理承担总体上的监督指导职能。各地城市人民政府的规划、建设、市政、市容园林和综合执法等城市公共空间主管部门按照各自职责行使规划、建设和管理职能。但同时，几乎所有的行政执法部门在城市公共空间管理方面都承担着这样或那样的执法监管职能，如公安部门在犯罪、交通执法等方面的职责，环境保护部门对公共空间环境污染的集中执法，工商部门对户外经营、广告视觉等方面的监管，国土资源、交通运输等部门也有与城市公共空间管理的相关职能。

（二）强化执法：城管体制的改革逻辑及其困境

当前我国城市政府对城市公共空间的管理主要沿着行政执法的路径进行，即使是以"城市管理"为部门名称出现的城市管理综合执法局的基本职能也是行政执法。实际上，城市管理综合执法是当前我国城市公共空间管理的一个重要组成部分，城管执法的基本职能事实上主要是关于城市公共空间及其中发生的违法行为的。以强化行政执法为方向的改革逻辑是当前城管体制改革遭遇困境的原因，反映出构建统一的城市公共空间治理体系的必要性。

1. 城管体制的改革逻辑

城市管理综合执法体制在我国建立的时间并不十分长，主要从20世纪90年代后期在许多城市才逐渐开始推广，最终上升为城市管理体制的全国性标配。城管执法局的出现从一开始就是面向监管的，主要是为限制城镇化进程中不断加剧的流动经营活动而成立的管理机构。但相当长一段时间来，城管执法出现了一系列问题，最显眼的莫过于暴力执法的问题。党的十八届三中全会特别在《中共中央关于全面深化改革的若干重大问题的决定》中提出要"理顺城管执法体制，提高服务和执法水平"。实际上，城管执法暴露的问题已成为当前我国社会冲突集中高发的领域。一些学者在归纳导致城管执法乱象的原因时，多总结为执法依据不完善、相关法律法规严重滞后、城管人员编制不统一、执法主体不明确、城管执法行为的不规范等几个方面。

党的十八届三中全会以来，我国各级政府加紧推进城管体制改革。党的十八届四中全会对于行政体制改革作出了重要战略规划，要求理顺城管执法体制，加强城市管理综合执法机构建设，提高执法和服务水平。《中共中央国务院关于进一步加强城市规划建设管理工作的若干意见》提出了城市管理体制改革的基本思路，指明了改革方向。就目前情况来看，各地城管体制改革主要集中于以下几个方面：

(1) 确立中央和省级政府城市管理主管地位

城市管理的具体职责由城市人民政府承担，至 2008 年我国城市基本确立了城市管理执法体制。然而，由于没有中央和省级的主管部门，又很难反映地方城市管理的困难和问题，在中央和省级层面引入有针对性的政策措施很困难，由此凸显出城市管理和执法的混乱。因此，现行体制改革明确了中央和省级相关部门对城市管理的指导、监督和协调，以促进城市管理健康有序发展。其中，特别强调住建和规划部门对城市管理综合执法的集中统一领导。

(2) 确立城管执法的法律地位

长期以来，城管执法由于法律的缺失与不健全而处在一个非常尴尬的地位，其在执法过程中的合法化和职能的定位都备受质疑。随着各个城市城市管理经验的积累，我国开始对城市管理进行统一立法，让城管在行政执法的时候有法可依，为行政执法中队城市管理提供强有力的法律支持。虽然一部统一的立法并不能完全地解决城市管理的问题，但是相应立法的出现也是为行政执法提供了法律保障，是我国城管行政执法的一项重大进步。通过立法，可以清晰地解决执法队伍的范围、制度、协调、法律定位、城市管理综合行政执法标准等问题。当城市管理和商贩之间存在矛盾时，解决办法就是遵纪守法。

(3) 明确管理范围、职责主体和执法行为

2015 年 12 月，《关于深入推进城市执法体制改革改进城市管理工作的指导意见》（中发〔2015〕37 号）中明确"重点在与群众生产生活密切相关、执法频率高、多头执法扰民问题突出、专业技术要求适宜、与城市管理密切相关且需要集中行使行政处罚权的领域推行综合执法"。城市管理范围拓宽、工作任务量加大使得我国城管体制职能范围的划分显得尤为重要。目前来看，城管执法的职能主要包括：市政公用事业经营管理，城市面貌管理，环境与健康，园林绿化管理等各方面的责任；根据法律规定，市县人民政府与城市管理密切相关，需要将部分职责纳入公共空间秩序管理，如环境保护管理、交通管理、应急管理等方面的统一管理。然而，科学划定城管执法的职责范围仍需进一步加强工作。

（4）推行跨部门综合执法

2018年1月开始，全国15个试点城市开始推行城管执法综合试点改革，着力推动近似执法活动的归类统一执行，对16项城市管理行政处罚权做试点工作。此次试点推进的综合执法项目主要包括：

（1）环境保护管理方面：社会生活噪声污染、建筑施工噪声污染、建筑施工扬尘污染、餐饮服务业油烟污染、露天烧烤污染、城市焚烧沥青塑料垃圾等烟尘和恶臭污染、露天焚烧秸秆落叶等烟尘污染、燃放烟花爆竹污染等的行政处罚权。

（2）工商管理方面：户外公共场所无照经营、违规设置户外广告的行政处罚权。

（3）交通管理方面：侵占城市道路、违法停放车辆等的行政处罚权。

（4）水务管理方面：向城市河道倾倒废弃物和垃圾及违规取土、城市河道违法建筑物拆除等的行政处罚权。

（5）食品药品监管方面：户外公共场所食品销售和餐饮摊点无证经营、违法回收贩卖药品等的行政处罚权。

这些试点城市需要制订试点实施方案，明确步骤、程序和时间安排，从而推进集中行使行政处罚权。落实城市管理执法相关任务，包括公安、环保、水利、工商行政管理、食品药品监督等部门的管理责任，明确职责的界限，加强执法保障，深化合作配合。

综合来看，我国对城管体制的改革力度空前。就实际内容而言，目前国家和各级地市推进的城管体制改革基本上遵从的是行政执法的逻辑，即改革的总体方向是提高城管执法效能，各项改革措施都基本服务于这个逻辑的需要。

2. 城管体制改革的困境

在行政执法的逻辑下，当前城管体制改革推进了一些具体措施。然而不得不说，城管体制所出现的种种问题一开始就是合法性的问题，即对其存在必要性的认识出现了偏差。按照强化执法的方向，我们可以预测，将来的城管体制仍会面临诸多难以调和的问题。正如俞可平所指出的，城管式困境体现的是最坏的政策绩效，没有任何人能从中受益，是一种结构不良的治理。① 实际上，城管式困境代表一种"不可治理"的状态，即正常的治理手段也无法有效实施。因此，如果继续按照行政执法的方向进行改革仍会陷入困境。

（1）行政执法的逻辑无法应对前置性累积问题

城管执法所遭遇的种种社会抵制并非完全是城管执法体制或执法人员本身的问题，而是城市公共空间规划设计和建设就已经预留的问题。这些问题的解决发生于执法之前，属于"前置而后置处理"的结构不良的问题。实际上，如果没有城管对街道经营活动的监管限制，城市中许多地方恐怕都会沦为脏乱差的代名词。一方面，社会大众对城管暴力执法充满了反感，以至对城管人员的出现都表现出不友好的举动。另一方面，一旦某个街区出现了摊贩集中经营导致交通拥堵、环境恶化，居民又开始埋怨城管的不作为。但城管与摊贩的冲突并非某一方面行为失当的问题，而是从整体结构上存在着城市公共空间不足、非正规就业经营场所大量缺失等问题，这些问题是行政执法前就规划建设的决策所导致的。因而，这个问题不解决，城管与摊贩的冲突还会上演，即使城管队员都穿上统一执法标志，即使采取更加柔性的执法手段。因此，行政执法的逻辑无法涵盖这些前置性问题。

（2）行政执法的逻辑无法照顾社会空间问题的复杂结构

随着社会的不断发展，城市公共空间问题呈现出越来越显著的复杂性。城市公共空间的形态并不局限于传统的中心广场、公园、道路或一些休闲娱乐场所。这些公共空间大多只是建筑师为规划城市而设计的一

---

① 俞可平：《"城管式困境"与治理现代化》，载《当代贵州》，2014年第2期。

些实体空间。今天,这样的公共空间无法为人们提供一个真正意义上解决公共交流的场所,因为人们现在更需要的是根据自己的环境条件和生活方式,为公众参与和互动创造多样的甚至是即兴的共享空间。因此,当今时代的城市公共空间可能已经不是单单局限于实体的公共空间,还有很多隐藏在网络交流、电视等媒体的虚拟领域,多元社会和现代化的发展使得公共空间问题复杂化越来越明显,现有的城管行政执法逻辑已经不能有效应对城市公共空间问题。

城管执法所面对的社会问题是高度复杂的,以执法的动作是解决不了的。比如,摊贩的问题一定程度上与城市经济社会结构联系在一起。简言之,为什么城市中有如此多的摊贩,原因就在于该城市中低收入人群较多,或者产业结构吸纳第二、三产业正规就业的能力有限。一定意义上来讲,城市产业结构的调整、经济活力的复苏、社会结构的优化都能缓解摊贩经营所带来的执法冲突。同时,行政执法的逻辑也不能应对同属社会空间问题的一致性。比如,占道经营和乱停车本质上都属于空间私用的现象,完全可以从属于一套管理体系加以管制,一些地方也试行将停车管理纳入城管执法范围。但问题随之而来,公安部门的交通管理怎么划分?一地方甚至"创新办法",将道路上的乱停车划归公安来管,而人行道上的乱停车划归城管来管。

(3) 行政执法的逻辑不能妥善处理执法与服务的关系

党的十八届三中全会提出要"提高执法和服务水平",然而,从现行改革进程来看,各方面推进的改革举措主要是执法的,而非服务的。各地在强化执法的方向上作出了许多努力,但在如何强化服务上难有作为。原因可能比较简单,执法的强制性和服务之间并不十分容易统合在一起。在没有明确城管队伍能够提供何种服务之前,只能靠不断强化执法效能来换取城管体制存在的合法性。一些地方尝试增加城管的服务性,比如浙江试行在城管执法时提供摊位引导和规范服务,帮助街头摊贩更好地适应市政管理的需要,也使用行政法规的方式规定了城市规划建设中保持一定比例的市场性空间用于安置流动摊贩，同时在执法过程中推行柔性执法，好比"鲜花执法"等。但是从全国整体情况来看，城管的这些服务性举动主要是创新性活动，也就是说更多的是自选动作而非规定动作，对于执法机关而言没有强制力，而主要依靠政绩或伦理驱动。现在，我们必须要追问的是，我们是否可以提供另外一种解决相关公共问题甚至系统地解决城市公共空间问题的新方案？

（三）走向空间治理：建构统一的城市公共空间治理体系的设想

1. 从执行性管理到决策性管理

行政执法本质上是一种执行性的管理，也就是主要对已成文的法规或决策的一种实现过程。与以政执法为主的执行性管理相对，决策性管理就是包含问题分析、方案制订在内的管理活动。城市公共空间治理需要决策性管理：首先，城市公共空间失序的表现形式是一致的，但导致它的原因却存在多种差别。因而，很难用一种统一的标准化的解决方案去统一处理，必须针对现实治理环境的实践状况能动地探寻解决方案。也就是说，城市公共空间治理本质上是一种创造性的社会治理活动。其次，城市公共空间具有动态性。城市公共空间是社会实践的产物，人在公共空间中的活动以及公共空间的生产都充满着变化因素的影响，表现为某些无法用统一界定或者以前从未出现过的行为方式。比如，随着外部文化的传入，在我国城市不断上演的街头涂鸦现象，能否界定为反常态社会行为仍需针对实际情景加以判断。因此，城市公共空间治理体系的建构应该着眼于能够根据实际情况制定动态决策的治理活动。一定意义上讲，城市公共空间治理至少要在城市政府的总体性决策这个层面展开，而非部门性的执法活动。

2. 从"建设本位"到"秩序本位"

当前我国城市治理一大弊病就是所谓的"重建设、轻管理""重前期、轻维护"。在城市公共空间治理中,我们必须做到几个照应:第一,前期建设要照应后期的使用,在规划决策时就充分照顾到后期使用中可能出现的社会需求或者问题,特别是公共空间形态设计对其可管理性的影响,将社会秩序的建构投影到规划建设工作当中。第二,行为监管要照应社会需求,特别是与居民日常生活紧密相关的公共空间需求,不能因为某种规划方案的审美需求而忽视了居民真实的生活需求。第三,差别化管理照应基础性规则供给,从对社会行为的过度干预转变为统一规则的制定,在不断加强规则供给的同时,强化规则执行的平等性,培育城市公共空间治理的法治环境。

3. 从"分割治理"到"整体性治理"

城市公共空间治理的整体性要求呼唤打破当前我国城市空间管理上的碎片化治理。党的十九届三中全会作出深化党和国家机构改革的决定,为相关部门和体制改革定下总基调。总体来看,该决定的一个显著特征就是,根据事务的性质而不是部门本身来设计国家机构的设置和职能,也就是从以"行业导向"为依据的机构设置向以"问题导向"为依据的机构调置转变,突出公共事务的整体性解决。城市公共空间治理作为城市治理的重要组成部分也要遵从整体性治理的要求,建构统一的城市公共空间治理体系。在一些发达国家,城市公共空间中的许多事务都由单一机构统一管理。比如,美国的警察不仅行使交通管辖权,也同时可以对未获许可而在街道从事的经营活动进行驱离,这在一定程度上实现了相近公共事务的一体化解决。当然,这并不意味着要将涉及城市公共空间的所有管理职能都划归一个部门,或者将多个部门合并为一个,而是要在尽可能减少部门重叠,推进机构合并简化的同时,促进不同部门之间的协同治理。城市公共空间治理体系的基本任务至少应该包括城市公共空间的规划建设、使用维护、行为规制、冲突管理和社会建构事务多个维度的有机统一。总体来说,城市公共空间治理体系应该涵盖城市治理的宏观层面(如社会结构调整)、中观层面(如城市空间结构的优化)

和微观层面（如日常行为的规范），是一个多重事务分层合作的有机体。

二、城市公共空间治理的基本模式：基于主体的视角

用治理取代管理本质上就要求实现参与公共事务的多元化，使政府、市场和社会主体按照某种有利于合作共识的方式来增进公共问题的可解决能力。从政府、市场和社会的三元结构，参与城市公共空间治理的主体及其结构呈现出特定的治理模式上的区分，概括来讲可以包括：国家中心模式、市场中心模式和社区中心模式。第一种模式提供了一种当前公共空间服务供给的所谓主流视角，其中公共机构扮演着协调员、监管者、维护者和出资者的角色。第二种模式通过合同安排和相互协议将公共管理的部分或全部职能授予给私营部门组织。第三种模式与第二种类似，但它倾向于将任务分配给志愿组织和社区组织，以此来体现市民性，并突出公共空间的社会实践性特征，即城市公共空间的社会建构过程。

当然，这三种划分只是便于分析的目的，现实中三种模式并不是相互独立的，根据政策优先顺序、各种社会代理人对公共空间的关注的相对强度以及所面临的管理挑战的性质，这种三种模式经常处于混合状态，甚至于公共空间所处地点和服务在内容上的差别也经常导致治理模式的微观变化。现实中，我们很难用一种所谓的放之四海而皆准的模式来套用所有的公共空间治理场景，或者公共空间失序现象。然而，从学理研究的角度提出这三种模式，认识这三种模式的内涵，为理顺城市公共空间治理中的复杂关系，有效开展城市公共空间治理活动无疑会提供基本思路。

对城市公共空间治理模式加以类型化是基于这样一种归纳，即各类模式共享基本要素但在要素内容上展现差别。也就是说，不同类型的城市公共空间治理模式面向相同或相似的治理任务，但达到任务目的的方

式存在显著差别。那么，城市公共空间治理在任务上可以分解为协调、监管、维护和投资四个维度。这四个维度共同作用于形成我们观察城市公共空间治理的运行过程及有效性的分析框架，从而便于我们判断各种类型的城市公共空间治理模式的优缺点。

（一）国家中心模式

所谓国家中心模式是以国家为中心提供公共空间供给和管理的模式，这是20世纪大多数国家公共服务供给的主要形式。依靠公共部门来规划和提供一系列服务，构成公共空间管理的主要特征，同时尽量减少私人部门或志愿部门的外部投入和参与。国家中心模式的主要特征体现于以下两个方面，一是城市公共空间所有权的国家归属，各级政府代表国家拥有公共空间的产权和使用权；二是城市公共空间的建造设计、运营和维护都由政府来主导负责。目前为止，国家中心模式仍是现存主要公共空间管理模式，其公共空间管理职能在协调、监管、维护和投资四个方面的表现可以概括如下。

——协调：城市公共空间在国家中心模式下主要体现其服务性的特征，即优质的公共空间作为基本公共服务产品供市民享受的属性。国家中心模式下的协调主要体现于两个方面：一是在国家权力体系内部纵向和横向之间的部门协调，包括在公共空间的管理和服务供给上的权责分配；二是公共部门作为服务供给者与市民作为服务使用者的关系协调。这两种关系构成国家中心模式下城市公共空间治理的两个基本关系。国家在城市公共空间的生产和再生产过程中扮演主导角色，但供给体系存在水平和垂直向度上的协调才能保证国家主导的有效运行，这就要求在公共部门框架内解决僵化、各自为政、缺乏反应能力、对社会需求不敏感等问题。这意味着在地方政府层面要建立明确的公共空间服务管理责任体系，或者实现国家和省级政府与城市政府在服务供给上的委托代理关系。由于这种以国家为中心的模式维持了服务提供者和服务使用者之间的分离，如何处理好对上负责和满足城市居民现实需求以及社会行为的实践性要求之间的关系需要有效的协调机制。从另一个层面来讲，如何保持地方政府对市民公共空间需求的有效回应，对于保证公共空间的质量有着显而易见的积极影响。然而，在国家中心模式下要提高回应性往往很难。

——监管：在国家中心模式下，关于城市公共空间治理中的监管问题，主要涉及两个层面，一个是关于城市公共空间的用途性质、使用方式等的立法性规范，以及根据社会公序良俗而制定的成文的或不成文的公共空间规则、习俗或者约定，比如为防止广场舞扰民而制定的公共空间群体活动声音强度不能超过一定分贝数的社会规定。这种监管明确了公共空间使用者的权利义务，是对国家与社会在城市公共空间上的关系的界定，也就是允许公共权力对城市公共空间及其中发生的各类社会行为实施监管。第二类监管是关于公共空间服务提供者之间的监督管理关系，其目的是确保各级公共部门机构遵守公共空间政策的目标和服务承诺。这种模式试图协调好各机构的角色和责任，以便公共空间政策的实现，但这需要相关机制来确保这些机构拥有充足的精力和足够的资源。在许多情况下，由于城市政府关于公共空间的政策知识和资源普遍匮乏，往往容易导致监管的边缘化，即政府监管的有限性与各类空间主体行动的广泛性之间的矛盾。

——维护：比起城市公共空间的开发建设，维护具有更加重要的意义。从实践来看，许多城市公共空间在经历了建设初期的繁华景象后走向了衰败，很重要的原因就在于缺乏后继跟进的维护机制，一些市民广场后期沦为停车场或临时市场恰恰是因为秩序维护的普遍缺失，特别是在政府主导建设的城市公共空间经常性地面临类似问题。在国家中心模式下，城市公共空间的日常维护集中于两方面工作，一是对建成环境及相关设施的保养、更新和维护，这往往被纳入市政管理的范畴由市政部门承担相应职责；二是对城市公共空间使用秩序进行维护，包括对违反法律法规进行的私人性活动进行纠正，在我国通常以行政执法的面目出现。

——投资：投资是公共空间管理的第四个重要维度。国家中心模型中的投资则主要来自于为提供公共空间服务而获取的公共财政预算，也包括支付为达到特定的公共空间质量水平所需的技能和设备。由于资源完全来自公共预算，城市公共空间服务在数量或质量维度上的增加或提升在当前中国城市发展进程中表现出两个维度的变化：一是城市中关于公共空间的财政支出有增长趋势，城市公共空间服务数量或质量可能随着公共空间服务的预算拨款增加而提高，特别是在普遍关注城市竞争力、城市软实力的当下，城市政府有主动改善城市公共空间环境的动机。这情况的出现主要是政策转移的产物，即先进城市通过改善公共空间质量而促进城市发展对其他区域城市政策有至关重要的影响。城市政府普遍认识到公共空间质量与其他公共服务产品相比价值更高，并且更可能引发外来主体的评价，同时与公众对城市形象及治理绩效的认可度密切相关，甚至可以作为对上级政府的政绩展现。二是城市公共空间的政府投资可能导向收益增长的合理化，进而为继续追加投资提供合法化理由。这使得城市公共空间的公共预算倾向于增长而非缩减，例如不断增加人力、技术和资源，人为缩短公共空间的更新改造周期搞大拆大建，等等。也就是说，能否保持城市公共空间的公共投资在合理的范围而不使政府背负财政压力仍有待观察。

国家中心模式保留着国家控制的公共服务供给所具有的积极因素，即公共服务精神和行政责任制，这些积极因素有利于克服城市公共空间作为典型的"公共地"所面临的挑战。事实上，这种模式的主要优势在于它具有明确的责任逻辑，服务规划和政策执行直接由地方政府承担。此外，由于该模式在公私领域之间划分了明确界限，因此为责任、产权、使用权以及使用者的权利义务建构了清晰的、易于理解的框架。然而，此种模式由于国家能力的广泛介入，也容易产生如同其他领域公共服务供给面临的类似问题，包括：由于财政支出增长的倾向和预算的不可控性，城市公共空间服务的政府支出有增加财政赤字的风险，比如一些地方政府为招商引资不惜大规模举债搞所谓的城市美化，最终沦为烂尾工程，反而使地方财政和金融风险剧增；由于自上而下的责任机制，城市公共空间的设计、开发和建造更多地向行政系统内部负责，加上专业技术化倾向对公众参与的排斥，容易出现脱离公众城市公共空间实际需求的现象，比如一些地方兴建形象工程对居民日常生活的干扰；由于公共权力行使中存在的寻租风险，政府部门在运营维护城市公共空间的过程中可能存在谋求私利侵占公共利益的情况，也就是利用公权强制力形成对其他社会成员的空间排斥。传统的国家中心模式潜存的这些负面后果促使我们在全球行政改革的背景下思考城市公共空间治理体系的建构问题。

（二）市场中心模式

20世纪80年代以来，公共服务的市场化改革成为一种全球趋势。城市公共空间治理模式同样也受到这一趋势的影响，开始出现对市场力量的倚重，发挥市场机制的积极作用，形成所谓的以市场为中心的城市公共空间管理服务模式。这种模式是将公共的管理责任向私人实体的转移，涉及管理公共空间的权利义务的转移，也包括制定管理目标的权力转移。该模式可以通过简单的服务外包合同完成，也可以利用开发协议方式来部分的实现。基于市场契约关系，公私之间围绕公共空间开发使用进行合作。比如，英国城市对街道清洁或公园维护服务普遍实行合同外包给管理公司来运营，而美国城市中公私合营的情况则更为多见，典型的如纽约著名的中央公园引入私人公司参与开发维护后，在空间质量方面所取得的显著改善。把公共空间管理服务下放给市场的模式已经不是一个新的现象，它在后福利国家的持续应用已经成为不可避免的趋势。当然，这种将具有典型公共物品属性的城市公共空间交给市场的做法在不同国家和地区被接受的程度也不同，主要取决于观念的理解程度，在自由市场国家则更容易接受，而在相对保守的欧洲国家则不易推行。目前，在我国推行这种模式也仍面临多重挑战。

市场中心模式的实质是让市场来决定城市公共空间的发展形态，比如开发商在楼盘建设中对小区公共环境的营造和优化，以及对楼盘周边环境的美化，包括街心公园、健身设施、公共活动场所配套建设。驱动开发采取改善公共空间的动机仍然是增加楼盘吸引力以获取更多的经济收益，但至少说明由利润驱动的市场行为也可以用于公共空间的开发维护。总体来看，市场中心模式的主要优势在于：利用私人资源弥补公共服务预算不足的问题、引入公共部门机构所不具备的专业技能和知识、通过市场竞争确保服务水平超过公共部门普遍水平、创建更具回应性的用户导向的公共空间管理机制。当然这些优点也同样要面临市场化风险所带来的公共性缺失问题。从实践来看，世界范围有利用市场模式很好地运营城市公共空间的典范，甚至是使严重衰败的社区公共空间起死回生，重新恢复城市活力的案例。但同时也有许多失败案例，比如商业资本对城市公共空间的不当改造。利用前文所构之四维框架来分析，我们可以发现，市场机制主导的公共空间管理以及空间服务市场化供给在协调、监管、维护和投资的关键方面具有特定含义。

——协调：在国家中心模式中，协调本质上是在不同层面的公共部门之间更好地组织、计划，使之形成权责一致的管理体系，而在市场中心模式中，需要协调的是公私部门之间的部署与合作。因此，除了公共部门的纵向与横向协调机制之外，市场机制对公私关系的协调则主要依靠契约关系，包括规范的合同协议以及对市场生产过程和结果的监督。科层组织可以确保公共部门遵守共同制定的实践目标，但是对于契约性的公私合作，则需要对产出与结果进行明确规定以及违规后的惩罚等。详细的合同监管可以确保特定的公共空间管理任务。在市场中心模式中，要重点处理的两种责任，一是政府对市民公共空间诉求的回应责任，也就是政府有提取社会公众需要以转化为明确的任务目标的责任；二是市场主体对政府委托所负的合同责任，即如实履行契约规定的城市公共空间管理服务任务。

——监管：公共空间规制通常依赖于公共部门的立法和执法权力，以管理不同的使用行为及其之间可能出现的冲突。但是，如何在市场环境中实现对公共空间服务及其中的社会行为的监管目前还尚未形成统一的认识，分歧之一就是监管主体的私人化是否可行。在社区公共空间的管理方面，物业公司普遍承担着秩序维护职能，当居民出现空间冲突时往往由物业公司出面予以调停。虽然私人组织的监管也带有强制性，但这种强制性又容易服务于组织私利，如物业公司在维护管理社区公共空间的同时强行在公共设施上附加广告或对外租赁社区空间以谋取利润，同时物业提供的保安系统事实上也推动了封闭小区的形成。也就是说，私人性监管往往服务于特定人群而形成对"外来者"的空间排斥。分歧之二就在于政府能否胜任对公共空间服务供给的市场主体的监管，比如开发商在社区绿化、周边环境建设中出现的偷工减料行为。由于城市公共空间服务的标准化滞后，政府对市场主体在公共空间开发维护方面的监管往往缺乏必要的目标导向。

——维护：在国家中心模式中，城市公共空间的管理服务都在同一组织内进行，具有相同的目标导向和操作规则。而在市场中心模式下，城市公共空间开发、建设、服务和维护可以分解为独立的任务，彼此之间是分离的。以城市公共文化场所为例，目前普遍存在于我国城市当中的维护模式是，由政府出资兴建公共图书馆、音乐场、体育场等文体活动空间，而其后续维护则交给专门的管理公司来运营，以减少政府对公共空间维护的持续性投入，同时提高空间服务供给的专业化程度。因此，相比于国家中心模式，市场驱动的公共空间维护更具有可持续性。但同时也容易形成基于价格机制的社会排斥，比如公共体育场所对不付费用户的排斥。

——投资：市场中心模式兴起的一个重要理由就是节省公共支出。当今时代，公共资源特别是财政资源稀缺是各国政府普遍面临的现象，如何在资源紧缺约束下提供更有效的管理和更优质的服务考验着政府治理能力，也就是说当今时代的政府要学会"勒紧裤腰带过日子"。市场主体参与城市公共空间的开发建设和服务管理也就是要充分吸纳市场资本的进入，以弥补公共投资不足的问题。在这种投资方式中，公共资源起到了杠杆撬动的作用，带动市场资本广泛参与。在市场主体成本收益考量的推动下，空间开发与维护趋向于成本最小化，因而为公共资金购买城市公共空间服务创造了节约空间，事实上形成对公共空间开发建设与管理服务投入无限增长的制度性约束。

改革开放以来，中国经历了从计划经济到商品经济再到市场经济的转变过程。在这一过程中，主要因素包括资本市场、土地市场和劳动力市场的建立。市场化改革，特别是土地使用权制度和商品房的出现，彻底改变了政府计划经济体制对城市空间的约束性影响，市场经济对城市空间的影响越来越大。与城市土地利用的市场化进程相比，城市公共空间管理服务的市场化在我国还较为滞后，市场中心模式在我国城市中的推广仍面临诸多挑战。

（三）社区中心模式

之所以称为社区中心模式而不是社会中心模式，就在于从当前理论的发展趋势来看更加突出城市公共空间的社区营造。所谓社区营造全称就是社区公共空间营造，其核心就在于在城市型陌生人社会中发展基于信任网络的社会资本，化解原子化个体的社会对抗，恢复社区公共生活，重新打造社区共同体，从而赋予城市有活力的社区生活。社区公共空间营造的任务主要是社会性的，核心目标是社区自治能力的建构。而有了成熟的社区自治机制，社区的建成环境和公共事务就能够实现社会自我管理、自我服务，包括社会空间冲突的自我调节和规制。有一个很精彩的案例,在美国一个街区中,一户居民在自家庭院安装了喷水景观,但是该景观声响较大,对整个街区形成了噪声污染,影响到街区居民的正常作息。如果在缺乏自治能力的社区,此类问题容易走向矛盾的激化,但是该街区居民召开自决会议,集体否定该户居民喷水景观存在的合理性,从而迫使其拆除该景观。实际上,我国以前单位制社区出现的爱国卫生运动等自治性公共事务治理和公共服务供给,与社区公共空间营造有异曲同工之妙。社区营造还体现于恢复公共空间的吸引力,增强社区居民公共空间归属感,将消费时代封闭化的个体生活重新拉回到公共生活的场域。而理论和实践已经证明,公共空间归属感的提升反过来刺激了多样化的社区公共空间需求,特别是对激活城市公共空间的文化特色和精神内涵有积极作用。

总体来看,城市公共空间治理的社区中心模式有以下几大特征,一是将城市公共空间治理的重心落到社区,将恢复城市公共空间活力的希望寄托于多样化的社区公共生活;二是以社会性的公共空间营造带动实体性的公共空间改善,特别是突出通过自治能力的建设来实现公共空间的自我管理和服务;三是社区公共空间的非营利性,对实体公共空间的使用主要体现其使用价值而非商业价值,即承载丰富多彩的社区集体生活所应展现的公共性功能。

与国家中心模式相比,这种模式可以被看作国家退出或"空心化"的结果,在当下,社区中心模式的产生和发展有其必然性。从积极的角度来看,社会组织与城市公共空间通过实践活动联系起来。"首先,城市公共空间的性质决定了在其治理过程中必然追求决策共识,为了实现公共利益和决策共识,需要多种主体的协同,在协同中形成明确的决策共识,让民众更清楚。同时,整个协同过程也使治理过程变得更开放和包容。因此,城市公共空间治理为社会组织的发展提供了广阔平台和活动载体。其次,社会组织在城市公共空间治理体系中,有着重要的价值和功能。社会组织是组织化、集中化的利益代表,社会组织一方面以组织化的形式更有效地表达公共利益，另一方面调动了民众参与公共事务和服务管理的积极性，社会活力得到广泛激发，从而以更大热情参与到城市公共空间治理中。"① 在这种模式下，公共空间管理还涉及社区集体行动能力的建设。

——协调：社区中心模式需要协调的关系主要集中于两个方面，一是公共部门与社区自治组织的关系，二是志愿组织与其他部门之间的关系，包括与国家权力机关和市场组织之间的关系。从社区公共空间的基本属性来看，社区自治组织应该是一个开放系统，属于社会组织的范畴。当前有一种理论倾向于认为社区事务应尽可能的交给社区自治来解决，但实际上，从国内外情况来看，在社区公共事务上一直都存在两条线，一条是国家公共服务在社区的传递和分配，另一条才是社区公共空间的自治机制。这两条线在有些国家和地区是平行的，互不干涉的，而在其他一些地方则交织在一起，有时候甚至难以区分。在我国，单位制解体后，基层治理的真空是由国家来填补的，街道、居委会、业委会乃至物业公司都存在着复杂联系，所以社区公共空间的营造往往需要协调国家、社区以及市场组织之间的关系。与此同时，志愿组织在社区中的活动不断增加，赋予公共空间更加精彩的社会属性，同时也使公共空间的管理服务变得更加多元化，比如，小区业主自发成立的治安联防队、社区环保组织、社区救助组织，再如一些有共同兴趣而组织在一起的文化体育组织和协会。这些丰富多彩的志愿组织通过公共空间展现自身价值，同时也塑造了社区公共空间的物理社会形态。因此，随社区发展而不断增加的志愿组织，又构成社区中心模式中要协调的对象。

——监管：社区中心模式下的城市公共空间监管主要是自治性的自我规制以及社群生活的行为塑造。换言之，通过自治机制实现对不恰当的空间行为进行约束和规劝，同时通过公共生活的感召，塑造社区成员

---

① 高聪颖：《社会组织参与城市公共空间治理的探索——以宁波市为例》，载《改革与开放》，2017年第1期。

积极健康的个体行为，也就是我们常说的公序良俗。这种模式的监管范围也有赖于国家立法和监督保障，以处理公共空间的使用冲突和使用性质，这通常是为了支持社区本身所承担的裁决者和社区秩序维护者所应具有的基本权威。所以，从一定意义上来讲，社区公共空间营造体现国家权威的社会化移交过程。

——维护：国家干预城市公共空间维护的优势在于运用公共权力的强制力，确保公共空间的属性不变，维护公共空间基本秩序，也在于提供标准化的空间服务。公共空间的市场化维护，其动力机制则显然在于利润驱动的合作行为，也就是利用市场资源配置上的效率优势来规避国家干预可能面临的治理风险。而城市公共空间的社区营造与二者的区别主要在于，市民作为公共空间实践者和使用者参与城市公共空间生产和再生产的持续动力。因此，社区中心模式对公共空间的维护有利于克服权力和资本作用下城市公共空间的单一化、单调化，甚至有利于实现社区公共空间的持续存在和发展，因而有利于提升公共空间的社会包容性。但是显然这种理想状态要求的条件较高，即依赖市民社会的发育状况，包括有识市民以及有效的集体行动，因为这种对公共空间的维护，既需要成熟运转的社会治理机制，也需要可持续的共同体责任和公益精神。

——投资：社区中心模式不意味着公共财政投入就是不必要的，恰恰相反，社区营造的目的是要在国家资源以外寻求社会资源的有效补充。第一，社区公共空间的开发建设维护可以以政府购买志愿服务的方式来进行，也可以以种子基金的方式撬动多方资源合作。比如，社区公共文体设施修建，以中央标准化服务来支付一部分，地方政府再配套一部分，而社区居民自筹一部分，以这种方式进行契约化的公益性投资。第二，社区公共空间管理维护可以移交给自治性社会组织，以自筹资金自我管理的方式来运营。比如，当前在一些城市出现的创新案例，即通过公益性的资金募集来满足社区环境卫生保持设施维护和文体活动所支出的成本，通过自我管理实现收支平衡，多余资金返还居民或者滚动流入空间服务的扩大提升。这样不仅减轻了社区居民的支付负担，也提高了公共空间服务的针对性和有效性，在许多方面甚至超越了物业公司所提供的服务质量。当然，社区中心模式下的公共空间资源管理还涉及提高社区集体行动能力，发展形成管理上的伙伴关系，以及建立和培养信任资本。事实上，地方经验表明，释放社区潜能能够为城市公共空间营造提供各种资源，不过也需要持续努力来维系目标。

当然，我国城市公共空间的社区营造之路仍任重道远。

综上所述，城市公共空间治理已经不再是一个单一的政府行为，也不是纯粹的市场行为，而是一个兼顾公共利益的集体行为。在我国城市公共空间治理中，任何一个单一模式都不能满足于我国城市公共空间治理发展的现状，只有将三个模式综合起来，实行多元化治理，使政府、市场、社会三方面共同治理，相互补充，才能化解城市公共空间治理的难题。

三、城市公共空间的治理机制

城市公共空间治理还包含着多种治理机制的实施，治理机制的有效运转对正常制度的运行至关重要。以空间正义理论为指导，当前我国城市公共空间治理机制可以从协商对话机制、公共决策机制、引导制衡机制、启蒙教育机制四个方面着手建构。

（一）面向共识的协商对话机制

以正义性的空间生产矫正城市公共空间的失序，是缓解公共空间冲突的价值准则。而空间正义的正义性形态来源于丰富的社会实践，是实践中建构起来的正义标准。换言之，要建立以"空间正义"为议题的协商对话机制，达成城市公共空间供给与秩序建构的过程正义与工具正义。从理论来构想，风险沟通机制、协商决策机制和协商补偿机制三部分共同构成了城市公共空间的协商对话机制,它们从这三个方面来保障城市公共空间的正义性生产。①

1. 建立有效的风险沟通机制

对于城市公共空间开发建设以及秩序维护等方面可能存在的风险要与市民保持持续沟通,持续有效的风险持续沟通机制是城市公共空间正义性供给的重要前提,特别是对于那些明显存在负外部性特征的城市公共空间。首先,要公开信息。在有关法律法规和保密协议的范围内,公开城市公共空间的规划来源、过程、环境评价等有关项目的基本信息,有利于利益相关者得知项目建设的缘由以及有关流程的信息。其次,要实现双向性风险沟通。在单向信息披露的同时,建立逆向风险反馈渠道,使公众对风险不确定性的"恐惧"及时得到反馈和引导。最后,要逐步实现风险沟通的制度化,保持风险沟通的连续性,使风险沟通贯穿公共空间由选址直到运营的全过程,最大程度挤压私利之间以及权力与利益之间进行"非合法化"交换的制度空间。

2. 建立透明的协商决策机制

在公共空间供给的决策中,政府相关部门往往采取"决定—宣布—辩护"的单方决策模式②,与它相匹配的是一种静态的"空间表达"机制。在这一机制下,由于无法参与空间形成和重塑的决策过程,公众在空间方面的权利往往得不到充分保障。因此,构建一个有效的协商决策机制是必然的。在建立风险持续通信机制、有效削弱公众的风险和不确定性的基础上,一方面,通过制度化的理性协商形式,如公民代表大会、共识会议和民意调查等形式参与最初的决策——这种谈判决定所产生的结果更容易为公众所接受,能够减少空间冲突的机会。另一方面,要将

---

① 杨磊、陈璐、刘海宁:《空间正义视角下的邻避冲突与邻避设施供给要件探析——以武汉某临终关怀医院抗争事件为例》,载《华中科技大学学报(社会科学版)》,2018 年第 2 期。
② 王彩波、张磊:《试析邻避冲突对政府的挑战——以环境正义为视角的分析》,载《社会科学战线》,2012 年第 8 期。

公民、开发商、专家等相关方面纳入一个动态的、多元化的"空间表达"机制，在决策阶段尽量减轻城市公共空间周边居民的负担，即负面外部代价。最后，在城市公共空间的使用过程中，形式多样的协商对话渠道是不可或缺的，原因就在于城市公共空间中市民行为的多样性。因此，对于可能出现的市民使用城市公共空间的冲突情况，要有社会决策机制予以合法的调节，甚至是在冲突发生之前就能够通过协商决策机制予以疏导。

3. 建立科学合理的协商补偿机制

建立科学合理的协商式补偿机制，能够以协商的形式给予居民应得的补偿，对城市公共空间可能存在的负外部性给予纠正，缓解空间冲突的紧张程度。一般而言，城市公共空间的负外部性往往具有强制性的特点，特别对于邻避冲突型的城市公共空间开发建设而言更是如此。因此，必要的协商补偿机制对于缓解社会抗争有一定支持作用。一方面，政府部门就公共空间的开发建设与居民进行协商，增加公众"空间表达"的机会，争取达成补偿性的协商方案。另一方面，针对城市公共空间开发建设过程的多个阶段特征（比如为拓展城市公共空间而实行对特定区域土地的征收，或者在开发建设过程中可能存在的视觉障碍、环境污染等问题，再或者使用秩序上对特定居民的排斥作用，等等），通过多种补偿渠道与居民进行协商和讨论，从货币化补偿、特殊公共物品供给、住房置换等途径，甚至是多种途径进行结合，对城市公共空间周边居民进行补偿，最大程度上实现公平正义地分配空间资源。

（二）面向权力制约的公共决策机制

城市政府作为城市社会整体利益的典型代表，在城市公共空间建设与规划中占有非常重要的主导地位，在城市规划的过程中，政府在决策过程中如果缺乏考虑公共性或不按规定操作，会使公共决策出现失误。城市的规划价值取向未考虑公共利益的一个关键因素在于政府的自利性的膨胀，法制化是解决这一问题的基本途径。社会公众是政府管理和服务的主体对象，提高公众的参与程度能够有效地促使政府的决策更加具有公共性和公平性。

1. 构建新型城市规划决策体制

（1）推动城市规划职能转变

进入21世纪，特别是中共十八届三中全会以来，在治理现代化、新型城镇化、经济新常态、"放管服"等一系列新趋势和新要求下，城市治理职能重心逐步向社会治理转移，而城市规划作为城市治理核心内容也要体现这一要求，特别是对于大城市而言，如何将城市规划与社会治理创新有机结合是重要课题。首先，虽然城市仍然是经济增长的核心区域，但是政府推动城市经济的发展方式开始转变。按照"使市场在资源配置中起决定性作用和更好发挥政府作用"的指导原则，自下而上从基层政府开始剥离经济属性，包括逐步撤销街道办事处乃至区机关部门的招商引资功能，以及减少对各级政府的GDP考核比重。其次，社区建设作为适应市场经济改革后城市空间重构的重要路径，也在自身不断发展中重新塑造着基层社会空间。社区建设的实质是将物理空间的规划与社会空间的发展融合起来，包括推动了社区社会组织的快速发展，基层政府在社会共治和自治上的职能不断强化，以及适合于高效社会治理的公共空间结构的营造，比如小而精的街区制。总之，随着住房市场化改革，社会矛盾冲突逐渐从经济生产领域向日常社会领域转移，城市规划的职能重心转向社会治理，消除重建筑空间形态轻社会秩序建构的倾向，特别是对于规划规模而言，"以产为本"的规划取向偏向于大的空间规模，而"以人为本"的规划理念则倾向于关注偏小的社会空间营造，也就是推动城市规划从"大而粗"向"小而精"方向转变。

（2）创新空间治理机制

从"管制式"的空间规划到"合作式"的空间治理转变，是下一步城市规划体制改革的重要方向，这就要求实现从行政逻辑到治理逻辑的转变。第一,行政强调执行行为的整体性、统一性和稳定性,更多是体现工具理性;而治理则突出社会的差异性和多元性、因地制宜、地方性知识的应用,更多是体现价值理性。第二,行政强调权力主体的单一性、一元性,政府是执行统治意志的唯一主体,治理的权力和主体是多中心的,是包括政府、市场、社会、公众等多元主体。第三,行政性规划往往采取多层级的执行体制,层级多意味着幅度少,幅度少则利于上级对下级的管控和信息掌握,通过"命令—执行"保证执行的有效性,治理则强调扁平化的执行体制,通过横向多主体协作来提高公共事务处理的精准性,既减少信息传递环节,也发挥横向社会共治合力。第四,行政逻辑在控制和吸纳社会中,以自上而下的命令—服从的方式推进社会管理,而治理强调多主体之间平等的、回应的进行参与、共治和协商,强调过程。第五,行政化路径带有资源配置权的垄断性,以维护权力的单一性,而治理强调多元化、市场化、社会化的资源供给。

(3) 构建严格的监督和执行体系

城市规划是典型的行政决策行为,因而若没有相应的制约和监督,也可能会变成与我们社会脱离的力量。首先,城市规划部门信息的开放度和决策的透明度是形成社会监督的前提条件。在规划决策的形成过程中以及正式实施之前,规划部门若能将之在社会上公开,进行充分的讨论,那么不仅会改进决策的合理性,使得决策更容易被公众所接受①,同时还会使得公众能够对规划部门的行政行为进行监督,开发的决策就不会为不公平的竞争和腐败提供机会。互联网为信息公开提供了便利的渠道,无论是规划部门的相关规划管理办法、条例、规划政策,还是具体的规划方案都可以进行公示,规划部门对行政事务进行公开,这与"公开、公平、公正"的要求是一致的。其次,应赋予城市规划行政决策团体以外的人群就规划发表意见的权利,让个体可以通过合法的途径充分

---

① 何丹:《中国法治化进程中的城市规划管理》,载《现代城市研究》,2001年第4期。

表达自己的意见和想法，新闻媒体就是一个重要的平台。最后，在现阶段，完善城市规划行政决策的监督不仅要促进各行政主体之间进行内部的相互监督，提高依法行政决策过程的公正度、透明度，而且要注重外部监督，引入更多社会监督力量，提高社会公众在城市的建设发展的相关决策过程中的参与程度。

（4）构建多样化的公众参与机制

引入公众的参与可以有效地规避政府在进行公共政策的制定和规划的过程中存在的非市场化的缺陷，更能产生令社会各界都比较满意的集体行动的方案，也有利于改善决策规划编制程序和相关规则。在现代城市社会生活中，公共参与具有两个层面的意义，从社会整体视角来看，城市社会作为一个复杂巨系统，是由具有不同年龄、性别、民族、阶级、地域、职业、经济地位、受教育程度等的人群构成的，要素、组分、局部的数量庞大，彼此差异或不平衡十分显著。良性的社会运转需要理顺和协调这些要素之间错综复杂的社会关系，需要调动社会各方面积极因素的参与，通过沟通和交流化解争端和矛盾。从社会公众的视角来看，现代社会的公众参与的目的是使"政治共同体中自由、平等的公民，通过参与政治过程提出自身观点并充分考虑他人的偏好，根据条件修正自己的理由，实现偏好转移，批判性地审视各种政策建议，从而赋予立法和决策以合法性"[①]。在此过程中，实现国家、组织和公民个人各方利益的兼顾和共赢。市民参与公共生活和公共事务不仅是公民权的体现，而且在参与的过程中，可以进一步培育市民的公共意识和公共精神。

目前，我们国家的城市规划公众参与制度的建设要着重于两个方面的工作开展，首先要加强社会公众的相关教育建设，提高整个社会的整体认知水平和素质水平，从而为公众的参与打下坚实的知识基础；其次要着重于体制机制的建设，这样有利于保证公众参与更具高效性。要不

---

① 陈家刚：《协商民主》，上海三联书店2004年版。

断的完善参与机制，建立激励机制和互动的机制，提高公共的参与性和实际效果。最为重要和首要的是完善参与机制，这包含提供更多的参与方式和渠道，吸收更多样化的参与主体和全过程的参与机制等各个方面。

首先，提供更多的参与方式和渠道。城市公共空间的规划建设与城市公共生活和空间的建设等方面息息相关，所以公众的参与方式需要和具体的现实生活相结合，具有灵活性和可行性，不仅要有相应的体制机制为公众参与的程度和效果提供保障，还要建立良好的沟通渠道，扩大交流的范围。根据参与城市规划制定的程度和影响力来看，可划分为这三种不同的类型：第一种是信息交流。信息交流就是政府作为公共空间的规划和建设的主导实施主体和社会公众之间实现便捷高效的信息互动的方式，这包括政府为保证社会公众的知情权而进行的信息的单向的传递，如发布新闻、发布公示等，还有政府和公众双向的信息的互动，像民意调查等。信息交流的及时、有效、全面是公共参与决策、进行合理判断的基本前提。民主协商是政府通过多种方式和渠道和公民对政策问题的形成、拟定备选方案、选择政策方案等进行商议和讨论的过程，如召开公民听证会等。在这个阶段的公民参与中，公民可以通过和政府的商议和互动，为政府的决策建言献策，但是最终的决策权还在于政府，公民参与公共政策制定的作用还是有限的。共同决策，就是指决策的主体是政府和公民，他们共同商讨和制定公共政策，为公民提供适当的公共服务，如社区自治和邻里委员会等。在公民参与的这个阶段里，公众对制定政策有着举足轻重的作用。

其次，吸收更多样化的参与主体。公众的参与更多的是作为不同的社会阶层或者是相关的利益集团等来进行参与、表达意愿的。所以，需要完善城市规划中公众参与的组织机构，对于城市规划过程中各个阶段参与的公众主体、程序和相关内容进行详细的划分，从而更好地体现城市规划公共政策的属性。

最后，建立全过程的参与机制。规划过程主要包括研究与编制、论证与决策、实施与监督三个阶段。相对应，公众参与包括价值诉求和意愿参与、利益平衡与决策参与、争议裁决与监督参与等从规划编制到实施的全过程。研究与编制阶段，公共参与的重点是如何反映其所代表的阶层合理合法的利益诉求和真实意愿，并督促有关当局在规划编制中加以落实。论证与实施阶段，公众参与方案的可行性分析以及空间方案的选择，维护和保障其具体权益。实施与监督阶段，公众通过对项目的具体落实情况的追踪，对规划的实施效果和程度进行评估，保证项目的完整进程。①

2. 防范基层官员的权力失范

基层官员通常是指那些工作在基层一线的公职人员，他们虽然职务位阶较低，但由于工作场景多为与民众直接接触的公共空间，其权力失范行为往往成为群体性事件的导火索，比如这些年饱受诟病的城管暴力执法问题。在推进国家治理体系和治理能力现代化的进程中，规范公权行使、提高权力的服务性，除了要关注那些大权在握的领导干部，也必须重视基层官员的权力任性问题。从一定意义上来说，能否管好规模庞大的基层官员直接影响国家治理体系建设的根基。②

无论从理论层面还是从当前我国全面深化改革的现实需求来看，治理基层官员权力任性都是紧迫任务。但是，现有方案多关注控制基层官员的个体行为。通过前述分析我们可以发现，基层官员权力任性生成于政治社会互动的场域，因而必须将其纳入国家治理的整体框架内予以考量，做到标本兼治、系统治理。按照完整的逻辑，第一步工作应该是缩减基层官员的权力范围。只有从源头上减少依靠强制力控制和影响社会的机会，才能将权力任性的空间压缩到最低程度。换言之，无处不在的基层官员本身就是一个控制难题。因此，深入推进简政放权仍然是基础

---

① 李昊：《启蒙优化制衡转型背景下当代"城市精神"的建构路径与机制研究》，载《建筑与文化》，2015 年第 1 期。
② 刘兆鑫：《警惕基层官员的权力任性》，载《领导科学》，2015 年第 23 期。

性的工作。在此基础上,还需要着力做好以下几方面工作。

——提升行政法治化程度。应该说,基层官员的权力失范现象不仅在我国出现,也是西方发达国家发展进程中的共性问题。时至今日,一些西方国家仍不断曝出基层官员种族歧视、滥用警力等恶劣事件。不过,从各国治理经验来看,借助法律手段仍是最有效的途径。首先,要明确法的适用精神。长期以来,我国基层官员执法服务过程较少涉及法的适用性问题,事实上按照的是对公民"法无明文规定不可为",而对自身却是"法无明文规定即可为"的原则开展工作的。现在,必须颠倒这种逻辑,明确执法服务的原则框架,切实减少基层官员对社会行为选择的不当干预。其次,要建立行政行为法律规则的常态跟进机制。《中华人民共和国行政许可法》《中华人民共和国行政处罚法》等为规范基层官员权力行使提供了基础性文本,但不可否认,操作性强、实际指导作用大的法律规范目前还比较缺乏。为此,必须跟进立法,做到及时发现、及时纠正、及时立法确权,减少基层官员再决策的机会。再次,可考虑引入司法裁决机制。我国现行执法服务体制是行政机关自我裁决、自我执行,出了问题又自我复议,事实上强化了基层官员权力的垄断性。司法裁决机制对解决这一问题有借鉴意义。比如,一些国家警察开出罚单后如执法对象不服,在支付罚款前可直接申请法院裁决。类似制度在执法行为开始与结果生效之间添加了一个环节,从而形成对基层官员权力的制约。当然,这还需要建立快速司法审判制度来辅助。从这个层面来讲,全面依法治国必须落实到权力运行的微观层面。

——改进执法服务流程。其一,探索完善执法服务工作程序。程序公正是结果公正的保障。执法服务时亮明身份、告知权利义务、允许陈述和申辩、公布执法服务结果等都是十分必要的操作环节,有些权力滥用现象正是在特定环节缺失的情况下发生的。实际上,针对不同领域的执法服务特点制定规范程序是目前较容易推行的改革措施,也是当务之急。其二,理顺决策与执行间关系。减少再决策机会是治理基层官员权力任性的关键，应适时建立特殊决策事项上级评估审定制度，对不在标准范围内或实际执法服务中遇到的不确定状况建立快速上报决策渠道，也就是对基层官员实行"政策管制"。其三，增加执法服务过程的透明度。规范权力行使的最好方法就是将权力曝光在阳光下。基层官员工作的微观性、即时性决定了防范其权力任性更需要开放式、可观察的执法服务过程，不仅要强化执法服务中的公民参与，而且要创新工作方式方法。党的十八届三中全会以来，一些地方在城管执法、警察审讯过程中引入全程录像就是很好的做法，既督促执法人员注意工作方式，也为日后审查留下证据。

——降低社会维权成本。作为工作在现场、第一线的公职人员，基层官员拥有根据自身判断作出决定的主动权，其决策往往带有私人决策的性质。这就导致基层官员大量的"事实做法"与有限的组织监督之间失衡，加之基层官员的工作绩效往往难以审计，使得内部监督控制经常面临失效风险。因此，外部监督对于约束基层官员行为至关重要。现实中，制约外部监督有效开展的关键因素是社会维权成本过高。一方面，整体性的社会维权体制还没有理顺，官民维权、消费者维权以及社会组织和个人之间的纠纷维权往往面临高额成本负担。另一方面，基层官员对政策对象的执行行为往往造成既定损失，有时这种损失是致命的，政策对象即使行政复议胜诉也难以挽回损失，权衡利弊后只得选择屈服基层官员的不当要求，或者通过其他非正规渠道予以解决。这也是行政执行服务过程中潜规则难以根除的重要原因。为此，在继续深入推进政府信息公开，大力发展司法维权、中介维权、调节维权等维权形式的同时，也要着力改进社会维权程序、畅通社会维权渠道、建立社会维权成本的分担补偿机制，变事后维权为事前维权，促进形成矫正执法服务不正之风的社会环境。

——加强职业伦理体系建设。职业伦理体系不同于简单的职业道德教育，而是包括伦理规范、伦理形式、伦理监督与惩戒、伦理审判等在内的常态化、制度化的职业精神塑造系统。总体来看，基层官员的职业伦理体系建设包含非常丰富的内容，比如不同类型基层官员职业伦理规范的实施标准及其合法化的问题、公民伦理在行政机关中的应用问题。再如道德委员会等职业伦理组织的建立和运行问题，还有基层官员履职的伦理程序问题（警察的就职宣誓）等。总之，基层官员职业伦理体系建设已经成为新时期加强"吏治"必须予以正视并着力推进的新课题。①

（三）面向市场规制的资本引导制衡机制

在市场经济体制框架之中，市场的运作机制对于整个社会的协调运作都有着举足轻重的意义，而城市存在和运作所需要的种种因素也只有与市场机制紧密融合，方能产生最大效用。对个体的利益的极大的追求是市场机制所鼓励的。从个人的利益来看，投资者基于自己的本性不愿将其资本投入到城市的建设和规划当中，因为如果他们将其资本直接投入到生产的环节之中能够使其获得更快更多的收益。但是，城市空间的建设和发展是资本的长期稳健运行和获得丰厚收益的重要保障，所以决策者总是会面临在这两者中的艰难选择的问题。一方面，国家需要制定切实可行的政策和完善的市场经济体制来对资本进行引导，使其更多地投入到城市的建设和发展的环节之中，并且能够保证其投资获得相应的收益；另一方面，在对城市进行开发和建设时，要有效地引导和干预相关活动，避免那种经济组织片面追求眼前经济效益的情况。

1. 建立主要以市场运作为主导的引领机制

城市的公共空间是一种准公共产品，介于纯公共产品和私人产品之间，具有有限的非竞争性或有限的非排他性。非竞争性意指某人享用某公共产品得到收益，同时并不会减少其他人使用该公共产品所得到的利益，即消费不可分。非排他性指个人对公共物品进行消费，不会排除其

---

① 刘兆鑫：《警惕基层官员的权力任性》，载《领导科学》，2015年第23期。

他人对同一样物品的消费，个体对物品的消费只会受到该物品在社会提供的总共的数量的影响。人们对城市公共空间的使用和消费并不阻止，也不排除其他人的使用和消费。城市公共空间是面向所有人开放的场所，传统意义上的公共空间是典型的公共产品，当代城市公共空间从完全开放的广场、绿地、街道扩展到了购物中心、博物馆和交通枢纽等大型公共设施，这些设施在开放的同时具有了一定的限制性。因此，城市公共空间是一种准公共产品。

长期以来，经济学的主流观点认为，政府是公共产品天然和唯一的供给者，通过市场方式或社会方式供给公共产品是低效率和不现实的，这一观念自20世纪70年代逐渐发生改变。在这一时期，在一些发达国家和发展中国家开始逐渐出现了政府失灵的现象。在一些发达国家，经济滞胀现象严重，政府已经没有办法再继续维持公共部门和社会福利的巨额支出，并且政府在向公众提供公共产品的时候效率极其低下，会产生供应不足的现象。在一些发展中国家，人民的收入水平每一年都呈下滑状态，严重影响了社会的发展，政府无法给社会公众提供最基本的公共产品和公共服务，而且政府自身的运行成本过高，利益集团政治也对政府的影响较为重要，这都会对政府提供公共产品和服务的质量和效率产生影响，城市公共产品已无法适应和满足人们的需求。由于市场经济的发展，一些经济学家开始提出利用市场的方法和社会的方法来面向社会公众提供公共产品的想法，公共产品的供给方式更具多元化。作为政府之外的市场和第三部门提供公共产品的相应机制也日益体现了其存在的必要性，而公共产品的性质使得公共产品、公共服务由市场和第三部门提供比政府更有效。

长期以来，政府部门全面负责和掌控我国社会生活中的所有公共产品和公共服务，比如城市公共空间，包括公共空间的建设和日常维护的各个方面。在一定历史发展阶段，政府来主导进行建设是有必要的，因为，公共空间本身并不带来可见的经济效益，政府的主导可以保证基本设施的健全与完善，符合公共产品的公益性特征。但随着城市规模的扩大和设施的复杂化，这种将提供者、生产者和维护者三合一的角色让政府陷入了恶性循环的怪圈。一方面，政府要提供大量的资金用于城市公共空间更加高品质的建设，为市民提供休闲、娱乐的福利，但单纯的公共空间投入无法带来经济效益的回报。虽然，公共空间品质的提升可以在整体上增加城市的吸引力和投资力度，在一定程度上给政府带来回报。但是，城市公共空间不同于基础设施，人对其有更高的要求和期望，政府无法通过资金的持续投入保证其品质。另一方面，在人们惯常的思维里，公共空间是政府分内的职责，而出现的任何问题都会归咎于政府，使得政府降格为城市环境的维护者。政府从这种尴尬处境中抽身而出的方法就是使提供者和生产者相分离。如此一来，政府负责城市公共空间的供给而又不必插手公共部门的生产运作。对于政府部门而言，它们所需要做的就是运用与私人房地产企业或者其他公共机构组织的契约安排，同时制定严苛且全方位的管理控制和监督评价体系为公民提供赖以生存的公共空间。[1]

政府机构主要通过规划决策部门来负责城市公共空间的设计，而城市公共空间的生产则落在了其他主体机构的肩上。对于城市公共空间的基础建设与未来发展而言，建立起一种具有补偿性或者利润性的融资渠道，同时能够获得持续社会收益的市场竞争机制，可能有着重要意义。城市公共空间虽然不能完全用于营利性目的，但却可以通过收取合理费用的途径维持着公共物品的循环生产和使用，承担融资主体角色的政府机构可以发挥其引领作用，通过市场竞争的方式使得企业成为经营主体，去生产和提供公共物品，并从中获取一定的收益。现在来看，我国的"第三部门"才刚刚起步发展，和西方发达国家中的"第三部门"所发挥的作用还相距甚远。但改革开放以来，我国建立了社会主义市场经济体

---

[1] 王玲：《城市公共空间的公共经济学分析》，载《城市规划汇刊》，2002年第1期。

制，市场的运作可以很有效地提升城市公共空间的质量，政府也能够对更多的经济实体进行鼓励，引导他们参与到城市公共空间的建设和发展的市场竞争之中，利用市场的竞争模式来减少由于权力寻租等而导致的经济和社会效益的损失。

市场经济体制逐渐发展完善促使许多开发商在追求自身经济利益的同时，也增强了自己的社会责任感和对于自己本行业发展的一些思考。一些企业通过建设一些公益性的项目来造福公众，从而更好地树立了良好的企业形象和口碑，为企业的可持续发展和获取更大的收益做好了前期准备。城市空间的建设逐渐成为了现代的企业获取利益的重要影响因素，开发商或者企业作为市场经济的主体部分，在进行企业发展的过程中要树立整体可持续发展的理念，注重企业获得经济效益的同时，也要增强自身的企业责任感，把自己投资的项目看成是一个城市的整体规划建设发展过程中的一个重要组成部分，这样才能促进企业的繁荣和可持续发展。

2. 将政府干预作为主体的制约机制

城市的建设开发主体打破了以往单一化主体，呈现多元化的态势，包括国有、集体、外资、合资、股份、个体、联营等多种类型的经济成分，其中城市的建设过程中最为活跃的主体是拥有一定的资金实力而成为土地投资者的开发商或者企业。而这些经济组织对于经济利益的本源性追求会侵害公共利益，因此需要通过有效的机制对其进行控制和引导。这些经济组织一般拥有"经济人"的意志和行为，按照市场经济的基本运行规律开展活动。"经济人"的特征决定了市场经济的运行特征，市场经济是一种以市场需求为导向的，以追求经济效益为基本动力的经济运作方式，"利己"与"竞争"共同决定了市场经济的分工与合作。企业在合作和分工的条件下通过一定的合约形式，按照自己的意志进行自由决策。

了解了市场经济的基本性质后，我们可以知道，没有任何控制的自由经济必然会出现一定程度上的失衡,"利己"经济单纯追求经济效益,会难以保障公共物品的提供。"竞争"经济假若陷入恶性竞争的怪圈,就会带来譬如垄断市场、市场公平竞争秩序混乱等问题。而所谓"市场缺陷"就是指这样一类扰乱经济正常秩序、使得社会需求总量难以平衡、市场经济无法避免但自身又无法克服的经济现象。这就需要由别的力量,特别是政府作为主体来进行调控。城市规划不仅为市场经济的长期有效运行提供了制度性的保障,也在维护市场体系稳定有序中发挥作用。作为典型的"经济动物",开发商关注的是自己的经济利益,而不会主动地去考虑公众的社会利益和城市的整体利益,如果没有制约机制,在利益的驱动下,一定会不断追逐土地的开发价值,进而损害到别的主体的利益。开发商在获得城市土地使用权后,会要求城市规划的相关制度建设为其提供强有力的支持和保障,从而让他们能够在投入资金的时候实现最大化的土地效能,充分发挥土地的经济价值。在城市规划的调控机制下,正向的开发行为是城市建设的基本途径。当城市规划所规定的内容和其寻求利益最大化的出发点背道而驰时,他们会为了自身的利益而破坏城市规划建设进程,如忽视土地的容量而过度开发、变更土地使用性质的不合理利用、逃避自身应履行的义务等手段来实现自己经济利益的最大化。

目前,我国处于城市化的快速发展阶段,城市开发建设规模巨大,需要经济组织的介入,在保障其获得经济利益的同时推动城市发展。这就要求城市建设管理体制的健全与完善,从原先追求短期效益的目标设定中解脱出来,以发展的眼光来看待城市建设发展的长远目标,重新树立社会责任意识,行使制约职能,才能更好地保障城市的公共价值,使得城市空间开发失衡的现状得到缓解。要推动开发商等利益集团进行稳中有序的经营,避免对其他利益主体产生影响和损害公共利益。政府对经济组织的开发行为进行干预主要是通过城市规划管理部门来进行的,因此城市规划管理部门要做到以下三点:

第一，通过立法，确立规划决策和管理的法律地位，明确权利和责任。应论证城市设计是否作为法定的规划设计阶段和层次，并明确强制性内容，以维护项目实施阶段中规划的权威性和严肃性，使规划更好地指导、协调和规范各类建设活动。① 城市的公共空间是能够显示城市公共价值的重要场所，尤其是以广场和绿地为代表的公共开放空间。在规划决策阶段，要充分考虑城市的整体发展和社会需求，进行科学合理的规划布局，并通过规范的程序明确其用地性质。

第二，要完善目前的管理体制之中滞后于社会发展的一些政策法规，拿出更专业和科学的态度来推动政策法规的制定和实施，避免朝令夕改的草率作风，建立机构的规范性和制度性的权威形象。

第三，要注重对城市建设过程的监管，利用各种宣传渠道，加强社会公众和开发商的认同感，提高他们的法律意识，改变以前那种有法不依、执法不严的混乱情况。

（四）面向有识市民的启蒙教育机制

城市是一个复杂的模型，但是可以根据民族、阶级、地域、利益关系等方面进行划分，从而呈现出具有不同价值取向的利益集团。社会大众是这些方面划分的基础构成，其他的政府、市场、专业人士这三类人群都是来源于社会大众，可见社会大众是这一系统的基础。文化启蒙和重启是优化公共空间治理核心和关键。社会大众中绝大多数是普通百姓，他们以自己的日常生活、经验和习惯生存于社会中，社会大众的文化启蒙不是一朝一夕的事情，具有一定难度。

自改革开放以来，我国各方面都发生了重大的变化，不论是社会还是经济都发生了质的飞跃，社会主义市场经济体制初步建立。公民的文

---

① 宋春华：《平心持正 静观反思——对当前建筑设计市场若干问题的思考》，载《华中建筑》，2005年第5期。

化素养和物质生活水平都有了很大的提升，各方面的提高都为文化启蒙创造了基本条件。以传统社会的日常生活的批判和重建为出发点，以精英文化和大众文化的整合和现代化的主导性文化精神的生成为目标，以人的主体性作为内涵的现代化城市公共空间的公共精神在社会大众的生活之中成为现今文化启蒙的关键。具体包括内部价值观念的建立和外部环境的教化。

第六章

城市公共空间治理的政策工具

政策工具反映政府介入社会的方式问题,关系到政府应为和不应为的选择。政策工具研究有助于明确在政府权威控制传统下寻求政府参与城市公共空间的限度和行动边界,也有利于发现城市公共空间治理的政策创新路径。本章着眼于城市公共空间治理目标转化为现实结果的机制问题,重点研究面向空间正义的政策工具选择。对生产工具、供应工具、补贴工具、管制工具、市场化工具、志愿服务工具等政策工具在城市公共空间治理方面的作用机理和绩效进行评价,提出符合空间正义要求的、满足不同层次和形态公共空间的治理要求的政策工具使用标准。

一、政策工具理论及其启示

政策工具(又称政府工具)是政府进行治理的手段和途径,是连接政策目标和结果之间的桥梁。盖伊·彼得斯提出关于政策工具研究的四种路径以及选择标准。[1] 政策工具选择的主题紧紧围绕政策工具选择的标准这一主线,在此基础上研究者总结出了经济学、政治学、综合这三种基本研究模型。此后,西方对于政策工具选择理论的研究沿着两

---

[1] [美] 盖伊·彼得斯:《公共政策工具》,中国人民大学出版社2007年版。

条不同的路径进行发展，这两条截然不同的路径也可称为传统的方法和修正以后的工具论方法。传统的政策工具方法，就是以严格的目标意义来进行政策工具的选择，基于这种方法来看，政策工具没有其内在的特点，并且认为政策工具一经设计出来就能够得以使用，不用关注政策工具的所处环境，因为基于这种方法来说政策工具是通过理性的考虑而设计出来的，能够适应任何不同的环境。所以人们普遍关注的都是政策工具本身，而忽视了政策环境。修正后的政策工具对传统的方法进行了调整，在重视政策工具的价值和规范的同时，也深入地探索了不同政策工具之间的张力，而且认为政策工具也有自己内在的特性，是独立于环境所存在的。极其重要的一点是，修正以后的政策工具方法和以往传统的工具方法最大的不同之处在于选择工具的方式不一样。

目前来看，政策环境变得逐渐复杂多样，对于政策工具选择理论的研究也脱离了单一的学科领域，在各种不同的学科领域进行研究。在不同的学科研究的过程中，政策工具选择理论之所以得以发展，是由三个方面的因素引起的。

第一，在有些学科领域中政策工具选择的研究得到了很大的发展，比如与实践领域紧密联系的公共管理相关学科的发展，需要不断汲取关于政策工具选择的知识。第二，政策工具选择偏好的发展是由于政府组织对于政策实施等知识的需求的与日俱增。政府的职责在日益扩大，政策实施的问题也变得越来越复杂，对于科学和实践能力的要求也不断增加。因此，基于对政策过程的质量要求，需要进一步深入探究政策工具的选择。第三，政治和意识形态也会影响政策工具选择理论。在一些福利国家，人们因为对于政策部门绩效失望，开始强烈要求了解政策为何会失效，所以除了相关理论的发展，政策失效的解决方式还需要获得目前政治意识形态的帮助。

可以说，政策工具研究的重点就是怎样能够把政策的意图变更为管理的行为，把关于政策的理想转化为现实。国内学界将"policy instrumentation""policy instrument"以及"government tools"都作为政策工具理解。也有人对政策工具的含义作了三个层次的区分：工具（the instrument），是一种社会制度的类型；技术（the technique），是一种运作制度的具体装置；手段（the tool），是一种技术内的微观装置。① 政策工具具有多种层次的含义，国内也有将政策工具理解为政策的现象，所以在很多时候，政策和政策工具的概念是交织在一起难以区分的。某一特定的政策工具从某层方面来看它是一个政策，从更深入的方面来看却又只是上层政策的一个工具。

从另外一个角度来说，政策工具本身主要是政府用于完善内部流程和管理方式以及提供公共管理和公共服务的机制。政策工具有具有多种研究路径，包括工具主义、建构主义、过程主义、权变主义等。工具主义认为政策工具对政策系统起决定性作用，主要关注政策执行过程中存在的问题以及政策实施之后会带来怎样的影响，简单来说就是它更注重于对工具属性的研究。而建构主义则认为，政策工具在政策运行的过程中没有起决定性作用，它只是政策系统和过程的诸多决定性因素中的一个，与其他因素一起影响整个政策系统的运行，所以更关注整体过程中的政策工具的应用。在过程主义看来，政策工具的好坏需要具体问题具体分析，研究的重心要放在工具发展的重复性过程之中。而权变主义认为，工具的作用受到工具的属性还有工具的环境和背景的共同影响，所以更加注重在特定的政策目标和政策环境背景下来进行政策工具的选择。

政策工具理论的引入把公共管理研究更好地落实到了具体的操作环节和政策的执行环节，更加重视在政府、市场还有社会等多种主体配合互动的背景下，通过比较和分析来选择合适的工具来实现政策目标。在

---

① 黄红华：《政策工具理论的兴起及其在中国的发展》，载《社会科学》，2010 年第 4 期。

我国,由于市场机制的不断完善、社会组织的逐渐兴起以及随之发展的公共管理和服务的市场化与社会化,我国公共管理中的政策工具具有了多样化的特征,使我们可以根据实际情况,从中选择能够解决当前问题的政策工具。另一方面也有研究认为,明显增长的社会异质性、迅速提升的社会能力以及开始下降的政府管理能力,使我国公共管理社会化得到了较大的发展,也为其进一步提升创造了机会。而公共管理社会化的本质其实是政策工具的再次选择,简单来说就是将强制性程度和直接性程度较高的政策工具换成强制性和直接性程度都较低的政策工具。在社会异质性不断增强的背景下,与其说迅速提升的社会能力造成了政府管理能力的下降,倒不如说是在这样的社会背景下政府的能力提升得益于整个社会的进步。政府只有真正了解公共管理主体的多元性和社会异质性的重要特征,同时使各个社会主体的能力发挥到极致,选择最佳的政策工具,才能从根本上提升政府管理公共事务和提供公共服务的能力。

在我国,公共管理与公共政策领域的政策工具理论拥有广泛的应用空间。我国致力于构建服务型政府,尤其注重提高政府的管理和服务能力,因此政策工具理论可以广泛应用于市场监管、经济调控以及社会管理和公共服务等多个方面。如果说财政金融工具主要用在经济调控中,强制性工具主要应用于市场监管中,那么在社会管理与公共服务领域中应该使用更加丰富多元的政策工具。无论是在公共安全、社会治安与人口管理,还是在基础设施、教科文卫、社会保障、环境保护等方面,都能广泛应用和发展政策工具理论。[1] 而且,在这些相关领域中执行政策时,政策工具的选择与政策目标的突出程度和社会主体的多样性成正比,即政策的目标越加突出、社会主体越是多样,那么可选择的政策工具就会越多,并且政策工具理论自身也能被更加充分地运

---

[1] 黄红华:《政策工具理论的兴起及其在中国的发展》,载《社会科学》,2010年第4期。

用与发挥。

关于引入和发展政策工具理论资源，应当结合国内的政策背景、经济社会基础、体制环境等因素对其进行改良，从而更适应我国的发展。我们国家的公共管理是先经历了市场机制发展为国家主导机制，由于市场的缺陷，再在原有的体制上进行多方面的改革，推动了市场机制和社会组织机制的发展。政府还缺乏选择和应用多种政策工具的经验和条件。这就需要我们根据我国当前现状来仔细分析和研究政策工具，并最终能够形成指导我国公共政策实践的政策工具理论。

城市公共空间政策的一个必不可少的部分就是城市公共空间的政策工具，作为连接政策目标与结果的桥梁，其选择极大地影响着城市公共空间治理的效果，在此情况下，对城市公共空间政策工具的研究具有重要的实践意义，因此也是本章的核心内容。众所周知，城市公共空间承载着城市的公共生活。随着城市复杂性的增加，我国城市空间治理的正义转向是大势所趋。

当前，我国正面临复杂的城市公共空间转型，以管制为主的政策工具已不能适应当前我国城市公共空间治理的现实需要，必须辅之以组合型政策工具。如果能够在城市公共空间政策工具分类的研究成果基础上，以调整机制为切入口，分析不同城市公共空间政策工具实施的现状和趋势，从中归纳出每类工具在实践中具备的优势、存在的问题、产生的原因、实施的效果，从完善相关法律、政策、社会等方面，对城市公共空间政策工具进行改进和完善，优化组合，取长补短，可能会对城市公共空间政策工具体系的制定有重要意义。本部分将在对政策工具系统研究的基础上，着重论述优化城市公共空间政策工具的选择对于城市公共空间政策执行的积极作用。需要指出的是，由于我国尚未具备系统的城市公共空间政策工具的实践经验，在借鉴西方国家先进的经验的同时，必须立足于本国的实际，探寻最适合我国实际的政策工具。

二、城市公共空间治理的政策工具及其创新

(一) 行为规制

1. 市民行为规制

城市公共空间是社会实践的产物,承担着数以万计的市民休憩、娱乐、交往的空间职能,而市民也依赖着城市公共空间的发展而提升生活品质。市民作为城市公共空间的主要使用者,市民行为是其整体素质的具体展现,同时也是城市公共空间人文环境的重要组成部分,体现在市民日常生活的谈吐举止、文化素养、风俗民情、精神风貌和价值观等各个方面。可以说,市民行为折射了城市公共空间的形象立体化与动态化。所以要提高城市的软实力,提升城市的声誉,一个重要举措就是对市民的行为进行全面的严格规范。城市公共空间良性发展提升市民的行为表现,反过来市民的良好行为表现也在很大程度上促进了城市公共空间发展。

公共空间需要在活力和秩序之间维持适度的平衡。换言之,"'行为—秩序'治理"构成了城市公共空间治理的根本议题之一。[①] 对城市公共空间中丰富多样的行为进行规制以达到符合特定秩序要求之目的构成现代城市公共空间治理的重要内容,也是管制型政策工具应用于城市公共空间治理的典型代表。具体而言,行为规制可以包括几个方面:

(1) 法律规制

空间所涉范围涵盖居民生活的方方面面,它服务于居民的日常生活,引导人们的行为,进而实现行为常规化,形成共识与不成文的社会行为

---

① 孙志建:《悖论性、议题张力与中国城市公共空间治理创新谱系》,载《甘肃行政学院学报》,2019 年第 2 期。

规范与准则，此类积极恰当之引导乃城市公共空间的社会责任之一。① 而通过法律确认上述社会行为规范与准则，并通过有效执法实施对社会行为的规范，则是促成城市公共空间积极作用的途径之一。居民在公共交往活动中必定会发生各种社会关系，社会矛盾亦会突显，而协调社会关系，解决社会矛盾，增进社会不同人群间的沟通交流，寻找居民归属感，均得益于居民在公共交往活动中所享各项合法权益的立法确认及有效法律保护。当然，城市公共空间行为的法律规范具有多样性，根据公共空间中社会行为的作用效果可以分为几种类型的法律规制，一是使用权规制，即对城市个人使用对他人形成排斥的公共空间，其合法性需要予以确认，比如对公共停车区域的使用规制进行明确规定；二是负外部性规制，对特定社会行为可能产生的施加于他人的成本进行规制，以保证他人正当权益不受损，就如对公共空间中噪声强度的规定；三是行为形态规制，即对城市公共空间中个体行为的具体属性进行规范，特别防范不正当行为的发生，如偷窃、公共场所吸烟等。

（2）空间规制

空间本身的形态对社会行为有规劝作用，比如照明设备好的广场对抢劫行为有抑制作用。法律规范的实施并不意味着社会公共空间中所有行为及其衍生的各种矛盾能够得到有效解决。相反，如果置这种发生于公共空间中社会行为的特殊性质不顾，强行适用法律规范进行调整，有时会引起抵制。因此，善加利空间本身的规制作用是可取方向。空间规制也可以称作技术性规制，即使用特定技术条件实现对社会行为的引导、阻止或矫正，就如通过设置进入通道，促使公众按照先后顺序使用公共空间设施。因此，技术性规则不仅仅是指那些含有技术性因素的设施，而应是一套针对公众行为功利、盲目、惰性的特征而设计的，以使用者付出最低成本，顺应使用者使用习惯为原则的规则理念。不过，需要注

---

① 唐莉英：《城市公共空间的非语言环境意义》，载《四川建筑》，2007年第6期。

意的是，空间规制所应用之技术条件存在极强的灵活性，往往需要管理者奇思妙想或因地制宜地具体设计。

2. 市场行为规制

市场经济体制下，整个社会的存在和运作要依赖市场的运作，城市中的任何要素都需要与市场机制相结合才能得到发挥。市场机制鼓励的是对个体利益的极大追求，并认为个人获利只要不损害到他人的利益，就意味着社会进步。但是从个体的利益出发，投资者从本性而言是不愿意将其资本投入到城市建设之中的，因为直接投资于生产过程可以使其更快的获益。然而，城市空间的建设与发展是保证资本长期有效运行和获益的基础。因此，在这两者之间的选择是市场经济体制中的决策者所面临的两难问题。一方面，国家要通过有效的政策和市场经济体制引导资本向城市建设领域的流动，使得投资能够获得回报；另一方面，在城市开发过程中，要对建设活动进行积极的干预，避免经济组织"经济理性"的无限膨胀。以城市公共空间的广告管理为例，我们可以管中窥豹，看到公共空间市场行为规制的意义和作用方向。

美国：高标准自律。美国联邦政府以立法的形式规定了室外广告的场地、大小和内容等方面。联邦政府制定了两个关于场地的原则：其一，设立广告不能够对行人和司机产生干扰；其二，设立广告的同时要注重对城市面貌的保护与改造。因此，对于建筑物楼顶上，隧道、桥梁、码头周围304.8米内指定的旅游景点线路上，以及历史建筑物附近等地方是不允许设置户外广告的。同时，户外广告禁止做烟草相关的内容。户外广告的发布者在遵守广告发布的专业通行规则的同时，也要遵守本行业相关特殊的法律法规。而且，户外的广告商于1891年成立了属于自己组织内部的广告协会来维持组织内部纪律，协会内部的会员公司创造了美国户外广告业90%的收入。

法国：广告空间次要化。在法国城市的大部分户外广告都是3米×4米规格的灯箱，这种灯箱的画面呈现出来一般是翻转式的，并且翻转的广告画面不多于 3 幅,通常每次翻转之间会隔 15 秒左右。法国在设置户外广告的场所、空间密度以及大小比例时,都会提前考虑好城市周围的环境和行人的密度,根据实际情况进行设置,使广告效益达到最大化。比如巴黎的户外广告一般在商业街、购物中心、地铁以及机场等地分布较多,并且对其分布密度也有严格控制,不会对其城市景观造成严重影响,在重要的建筑物附近,是绝对不可能见到户外广告的。法国的户外广告除了具备以上特点,还具有十足的创意性,而且均制作精美,市区街边的电话亭和书报亭的广告随处可见,极具欧洲风格,也是城市中的一道独特风景。此外,巴黎的户外广告牌在设计大小、色彩时,都会考虑到与周边环境的协调问题。

日本:融合景观特色。日本的户外广告专门有广告协会进行自律性管理。以往日本的户外广告条例主要以安全因素为主,2005 年日本实施了《景观法》,各个地方自治体专门对本地区的景观条例进行具体的制定,规定从景观的角度来进行户外广告设置,因地制宜,注重按地区的发展特色来进行管理,以实现"多样化、个性化、年轻化"的城乡社会环境。同时,在传统文物建筑、水土保持林、公园、绿地、国有道路内甚至墓地等指定的区域以及铜像、纪念碑和桥梁等指定建筑附近,均禁止设置户外广告。日本国内的所有城市,大厦外顶层都是设置通透字体的霓虹灯,而建筑立面伸出的竖式招牌的宽度也统一标准都是 1 米。日本的户外广告格外注重城市环境与艺术的统一,古都京都和奈良管理最为严格,户外广告设置也不能影响当地的寺庙景观文化,即使对于批准设置的广告,在色彩和高度等方面也有严格要求,色彩也不能特别鲜艳,高度设置不能高于寺庙周边的建筑物。

新加坡:严控广告数量。新加坡的户外广告较少,户外常见的广告设施是流动车身的广告、公交站广告、灯杆上的布幅广告、平行于建筑物外墙的广告这些主要形式。新加坡禁止设立户外广告的范围较广,也非常具体,禁止设置的主要范围是:屋顶上的商业广告牌或招牌、摆放在道路上的孤立招牌或告示牌、天桥上的商业广告牌或招牌、道路上除庆祝法定节日外的商业广告旗帜等。新加坡还严格控制霓虹灯广告的设置，为此专门出台相关的指引进行限制。因此新加坡建筑物上的广告以布幅广告为主。①

（二）道德倡导与规制

道德规制是内在的规制，区别于通过法律保障的显性机制，通常是通过一套隐性的机制来实现的，通过行为人的内在力量而发挥作用，依靠内心驱动力，通过意识的制约来最终约束人的行为。在城市治理中道德规制具有重要的作用，是一种柔性治理的手段和方式，有利于城市的现代化建设以及人的全面发展。

城市公共空间内的道德伦理作为空间主体行动的价值内核，可以促进城市居民主体的行为自觉，往往在潜移默化中对城市公共空间治理发挥着重要的作用。道德规制属于在不同城市具体情况下积极建构空间主体"价值认同"的系统的自觉行动，任何城市空间秩序均是将社会正义这一根本的认同逻辑视作伦理秩序建立的中心和纽带。

著名学者如哈贝马斯和罗尔斯，都曾力图为处理现代化危机而建构一套新的价值体系。在他们看来，缺乏了社会正义，就不可能整合出共同的价值，相应的规范也不可能发挥作用。城市道德规制要以社会正义为基础，从而实现"社会正义"在城市公共空间中的"返魅"。城市公共空间的治理从根源上讲是"治理人的内心"，这要求我们在城市生活中妥善处理好作为个体自我力量表现的个人行动与公共主体、公共精神的和谐关系，"怎样克服分离，怎样实现结合，怎样超越个人的自身生活，并找回和谐"是人类社会亘古不变的关注主题。德性能力体现了个体自由

---

① 刘运红：《户外广告管理与城市形象提升——以成都为例》，载《上海城市管理》，2013 年第 6 期。

与公共责任的统一，城市公共空间中的道德规制应将社会正义作为引领，在信息化、全球化、市场化为特点的时代环境下，以前沿的、预见性的、有解释力和认同力的方式引导公民道德素养良好发展。

1. 道德规制是现代化的重要内容

现代化的内涵，就是指社会在一波又一波的科学技术浪潮的推动下，已经历或正在发展中的转变的过程，包括物质关系、社会结构和关系还有人的现代化这几个基本的层面。人的素质的现代化是人的现代化的核心内容和重要表现。一个国家可以向国外学习其先进科技、高超的工业管理方法、成熟的政府机构形式以及教育制度等方面，但是对于人的思想道德、心理基础等具有生命力的东西是无法照搬照抄的，只能潜移默化地自我提升，如果使用和实行这些制度的人们还未完全从态度、思想、行为方式等层面进行现代化的转变，那失败难以避免。在每个国家的现代化发展过程中，最基本的因素是人，这也是现代化成功的先决条件，对于社会现代化的建设和发展具有举足轻重的意义和作用。

应该通过道德规制的约束使市民素质得以提高，尤其是市民思想道德素质与科学文化素质，以此实现市民的现代化，使其与现代化文明城市的要求和步伐相一致。思想道德素质集中体现着社会主体的本质力量，是市民现代素质的核心内容。它可以更好地激励人的主动性和创造性，使人从内心深处加强自律，并促进物质建设和人自身的多方面发展与进步。[1] 因此，城市现代化其实就是人的现代化，应该将提升市民道德水平作为城市现代化的重要环节与中心内容，将培养出具有现代化思想道德素质水平的文明市民作为城市现代化建设的最终目标和重点任务。

2. 道德规制是城市空间治理的现实需要

城市是人口、生产工具、资本、素质和需要等多种因素的集中体现，作为特定区域的经济、政治、文化的中心，也是市场经济中的人流、物

---

[1] 郭广银：《市民道德建设与城市现代化》，载《南京林业大学学报》，2002年第1期。

流、信息流、资金流的汇集区。现代化城市极具开放性与包容性，人口密集程度高，并不断扩大，人口流动速度也不断加快，对市民文明素质水平的要求也是越来越高。我国的城市现代化建设和发展正处于初步时期，法律体系和思想道德体系还正处于建设和发展阶段，市民们也要对新环境进行不断地适应。在有些方面市民的道德建设与城市现代化建设的要求不相匹配，低素质的市民团体对于城市的发展和整个社会现代化水平的提高都是非常不利的。

我们可将城市的市民分为两种类型，一种是一直居住在此地的非农业人口，即原住市民；另一种是后来迁移过来的务农经商的转移人口。这种反差主要由两个方面的原因所导致，首先是原居住市民的素质受到了新的挑战。[①] 那些习惯于传统城市生活的市民，对于现代化城市缺乏理解，对快速增长的新型城市空间缺少使用动机，比如从单位制时期走来的城市居民对如何在商品房小区中从事合理合法的个人活动往往并不明确，甚至出现难以适应的现象从而导致邻里矛盾的发生。而与此同时，大量涌入城市的农业转移市民也客观上不具备城市生活的意识和能力。由于改革开放的发展，大量的农村人口纷纷进入城市之中生活，为城市增添了新的动力，一方面为城市的发展作出了自己的一份贡献，一方面也将长期在自然经济条件下形成的一些落后思想观念带到城市中来，对城市的现代化水平的发展产生了许多消极的影响。比如思维模式保守、生活习俗落后等，都和现代工业文明、城市文明和市场文明格格不入。

因此，加强对进城农民观念改造，完成向现代城市市民的转变，并通过道德规制推进市民道德建设，教育和引导市民逐步形成与现代城市文明相一致的道德素质，是城市公共空间治理的客观需要和现实要求。

---

① 王小兵：《城镇化进程中的社区道德建设问题》，载《城市问题》，2011年第10期。

3. 道德规制的优势

（1）道德规制的克服作用

法律具有很强的严谨性和严肃性，并且必须保持稳定性，不能随意更改，否则将会损害法律的权威，也会使人们无法预测自己的行为是否违法。法律的稳定性是法规与行政命令等规则的一个显著而重要的区别，这也存在一种劣势，就是法律稳定性背后常常伴随着滞后性的特点，很难随着社会环境、社会关系、社会事件的变化而改变，缺乏一定的适应性，严重的时候还可能会引起法律规范和社会现实的相互对立。

公共空间的公共性特征就要求现代人要有公共意识，因为公共意识首先是一种公民的社会责任意识，而只有当公民的社会责任感是内生的、而非外部强加的时候，公民的社会责任感才可能真正落实并得到持久保持。"道德调整主要是建立在社会主体的伦理认同和道德评价的基础之上，通过人们内心信念和社会舆论的谴责来保证人们对道德规范的遵守。"[①] 正因为此，道德规制优先使用内化的规则意识约束行为人的动机选择，相比于靠外力强制调整行为的方式，更具有柔性特征。实事求是地讲，公共领域的意识和精神在中国历史上没有形成普遍认知，公众往往基于私人需求确定场所的性质，即公共空间意识淡漠。在这种情况下，尤其需要树立本地化的道德规范以张扬公共空间的主体意识。我国以德行政的提出揭示出了道德对行使权力具有一定的约束性，也就是说，在执法过程中，当行政主体认为某种法律规范存在一定的问题，无法对行政事务进行规制，或者面对某种特殊的行政事态没有与之相适应的法律来调整的时候，便可以在道德规范的指导下对行政事务进行处理。[②]

（2）道德规制的更正作用

法律规则的效力具有普遍性和绝对性，但是道德准则会因为人和环

---

① 张文显：《法理学》，高等教育出版社1999年版。
② 陈珺珺：《论依法行政中的道德规制》，载《湖北省社会主义学院学报》，2006年第4期。

境的变化而有所改变。法律具有抽象性，因为法律规制面对的问题具有普遍性和一般性。当行政主体秉持抽象的法律去处理具体的行政事态的时候常常感到棘手，这是由于多种原因造成的：一是抽象的法律规则和具体事件在结合的时候产生偏差；二是一个法律规则在面对不同的行政事态时会产生截然不同的状态；三是法律规则与行政事态中的人或者事无法精确对应。在这种不能完全归因于法律正规化的情况下，道德规范起着关键作用，它是用道德原则来指导和纠正法律正规化，从而使得行政事务能够得到更好的处理和解决。

（3）道德规制的拓宽作用

法律规则无论其有多大的体系都是有限的，它的有限性表现在对人、事、物的对应性，即一个法律规则总是对一定的事件、地域、人作出规定的，不论这种事是特定的或不特定的。虽然法律规则的体系很大，但是也具有有限性，执法者经常会遇到无法由法律规制的盲区。

在行政法治运行的过程之中，有许多行政机关因为没有相对应的法律依据而逃避责任，为自己的不作为找理由，这些都提醒我们道德规制可以不断地补充和完善行政领域。这样有助于使行政主体依据法律的明确条文来行使行政权力，并且可以保证在无明确法律条文的情况下也能公平公正公开地使用行政权力。

4. 道德规则在城市公共空间治理中的应用

在城市公共空间治理的过程中，应将加强道德规制摆在突出位置，因为加强道德规制不是一蹴而就的，需要耗费大量的时间，而且道德规制与社会系统的方方面面紧密联系在一起，可谓牵一发而动全身。但是提高市民道德又是一项十分紧迫的任务，各级政府应积极响应促进社会全面发展的要求，将依法治国和以德治国密切联系起来，以长远的眼光看待城市的未来发展，切实落实《公民道德建设实施纲要》的基本规定，努力探求具有可行性和有效性的机制体制。

(1) 树立道德规则的社会影响力

首先，要把深化认识道德建设放在重要位置，将推动市民道德建设和推进城市现代化的建设进程密切结合起来。城市的现代化是一个内部各要素相互联系而又相互制约的有机系统，在这个系统内部，政治、经济、社会、文化甚至人的现代化等各个要素都紧密联系在一起，互促共进，有序发展。城市现代化不仅包括政治、经济等外部因素，还包括培育文明市民这一内部因素，即要培育具有良好的道德水平和科学文化素养并具有现代思想意识的文明市民。事实证明，想要让城市现代化建设成为内部与外部紧密结合又和谐统一的发展机制，必须着重加强市民道德建设并发挥其作用。

其次，道德规制具有差异性与层次性，只有将道德的先进性与广泛性相结合，才能够真正提高市民的道德水平。由于每个市民所处的社会环境与其经济地位都大不相同，受教育程度不同，思想道德觉悟也各不相同，这就使我们在对市民进行思想道德教育时要重视个体的差异性，实施不同的方式进行引导和教育。在现实生活之中既要积极进行典范人物的塑造，又要鼓励民众从一点一滴的小事做起，倡导社会基本道德规范，从而不断推动全体市民道德水平的建设与提高。

最后，把城市环境中的硬件设施与软件建设相结合，才能够深刻地认识到城市管理系统性的重要之处。实现城市的现代化管理，不仅需要创造良好的条件来促进城市经济和社会的发展，同时还应营造舒适的环境来让市民具有更好的生活体验，构建经济、人口、生态、社会统一发展的和谐整体。在城市的管理之中，我们仍然要重视人的因素，在进行企业发展、房屋建造等硬件设施建设的同时，也要注重提升市民的道德素质，推动城市的软件建设发展，将城市的基础设施建设与市民的道德建设密切相结合。

(2) 建立道德规则的制度体系

道德规则并非纯粹的说教引导，而是一整套道德制度支撑的政策工具。

首先，应制定完备的法律体系。加强市民道德建设，让道德起到规制作用，不仅要靠教育的引导作用，更要依靠法律法规和政策制度的约束作用。要切实按照社会主义法治国家的建设要求，既要抓道德建设也要抓法制建设，将二者结合在一起，共同致力于道德规制的建设。在进行法制宣传教育的同时，也要重视道德教育，依法行政，加大执法力度，做到执法必严、违法必究，维护社会正常的生活秩序、公共秩序和经济秩序，给市民的道德建设提供坚实的政策支持和法律保障。

其次，应完善激励机制。对不道德的行为应加大惩处力度，对高尚的道德行为要予以奖励，逐步建立激励机制来对良好道德行为进行正强化。

最后，应切实加强监督。外部监督和相关法律法规的惩处能够对市民的道德建设起到一定的约束作用，每个城市应该设置一些职能部门来进行社会道德建设的检查、监督等工作，努力营造一个人人自觉遵守社会道德的外在环境。同时应加强新闻媒体舆论监督，使其在弘扬正气，与以权谋私、假冒伪劣、污染环境等不道德行为作斗争中发挥重要作用。

（3）加强道德规则的机制建设

加强道德规制，应从实际出发，从切实可行的具体事件中抓起，在群众性的实践活动中融入思想、道德等一些具有抽象性和无形性的东西，举办广大群众喜闻乐见的精神文明创建活动，要让群众参与进去，通过耳濡目染、潜移默化地提升群众的思想水平，丰富群众的精神生活，提高人们的思想境界。要把社区作为着眼点，推动文明社区的建设，努力深化对社区公民的道德教育，不断提升人民群众的思想道德水平。注重基层的公民道德教育，重视在日常生活中影响人们道德观念的重点之处，以家庭、学校、单位为载体，大力发展针对全体市民的道德教育，让每个人牢记基本道德规范。古语有云，"夫风化者自上而行于下也者，自先而施于后者也。"同时应大力发扬先进分子和有识市民的示范作用，为广大市民作出表率，在全社会营造一种积极进行市民道德建设的氛围，让公民参与到推动城市道德建设中去。

（三）私营化管理

私有公共空间指的是符合城市土地使用分区以及在其他土地使用的法规规定的区域，虽为私有产权但却对人民群众开放的公共活动场所。在城市不断发展的现代化背景下，我们认为，私有公共空间是开发商与政府协议商定之后，在开发商开发的区域内部建设的具有一定规模的、面向全体市民的、免费的或者公益性收费的公共活动场所。私有公共空间主要以公众步行活动为主，位于私人建筑或者建筑群外部，具有明确的边界线。一般按照室内外关系可以将私有公共空间划分为三种类型，分别是室内型、半室外型和室外型。

私有公共空间也具有公共性，其属于公共空间的一种类型。私有公共空间不具备竞争性，面向所有人开放，允许有不同的活动同时在这个空间里存在，不受任何时间所限制。同时，在可达性、包容性方面也展现一定品质。私有公共空间是产权私有的，其实际可达性在很大程度上受到非物理空间的限制（如管理限制等），所以在私人公共空间的开发建设初期必须要与产权所有者约定好这些区域必须面向公众开放，这些私人公共空间的公共性需要有法律来进行保护并自觉接受公众的监督；包容性则是指私有公共空间能够随着周围环境的变化而变化，并且对于不同阶层人群的需要与偏好都能够使其得到满足。同时，私有公共空间也具备一定的功能，可满足城市公众对于空间环境的日常生活需求。城市一直处于不断变化发展之中，由于其更新速度快、范围大，私有公共空间在日常建设过程中出现了一系列严重的问题，比如使用率不高、品质不高、开放率不高等。所以，采取有效的措施和机制来促进私有公共空间良性发展迫在眉睫。

第六章 城市公共空间治理的政策工具

1. 公私公共空间的关系

长期以来,我国城市公共空间的建设发展不注重露天小广场、街头公园以及步行街等一些中小型公共空间,而更侧重于能够显示城市整体形象的大型公园和大型广场。如果我们将政府公共投资建设的广场、公园和街道比作城市公共空间的"骨架",那么到处都有的开发区域内的私有公共空间则是"血液与皮肉"。众所周知,骨架与血液皮肉都不可或缺,所以无论是小型的步行街道还是大型的广场公园,都是城市公共空间的重要组成部分。

中小型私有公共空间聚少成多、积沙成塔,发挥着不可或缺的维系公共空间正常运转的作用。直到今天,纽约市已建成了超过 500 个小广场、公园和人行廊道等中小类型的私有公共空间,其面积总和相当于中央公园的十分之一,为纽约市民提供开放服务。良好规划、建设有序、有效维持的私有公共空间同样具备传统公有公共空间的全部功能,甚至有时还能承担传统公共空间无法实现的目的。在世界范围内,越来越多的由私人出资兴建的免费向公众开放的公共空间,如博物馆,在某些方面起到了很好的文化传承功能,对公立文化机构形成了十分必要的补充。比起传统的公共空间单一、简约的建设风格,私有公共空间因其私有属性具备更多的选择余地。比如随处可见的座椅和盆栽等,通过精心的设置,更加受到公众的喜爱与欢迎。与此同时,私有公共空间的开发地块内的慢行通道,不仅能够提高毗邻区域的公共道路的可达性,更为市民出行多样化提供了可能,还能够在一定程度上保证市民出行安全。

2. 私有公用:城市公共空间开发模式的创新

19 世纪 60 年代以来,美国纽约市慢慢探究出了 12 种私有公共空间的类型,其中不乏广场、人行道和商场长廊等私有公共空间;另外,纽约市为了确保私有公共空间高质量建成而不断精细其法定的设计标准。中国香港、加拿大多伦多、日本等地也都有类似的法规规范来激励私有公共空间的出现。大力鼓励私人部门投资兴建私有公共空间的同时保障其空间质量和公共性，这已经成为发达国家城市和地区进行私有公共空间建设管理考虑的重要内容。

我国的部分城市如上海、杭州、南京、无锡等地也颁布了针对私有公共空间的奖励政策。如深圳市在2006年编制了《深圳经济特区公共空间系统规划》，将各类型公共空间的定义和建设方法写入《深圳市城市规划标准与准则》，使私有公共空间规划管理有较大的改进。但由于研究和实践仍处于起步阶段，理念存在误区、政策条款粗线条，亦缺乏有效的监督机制。总体来看，在私有公共空间之中依旧普遍存在"孤岛化"和"私有化"这些问题，目前亟须制定具有针对性的管控办法与制度，从而更好地管理私有公共空间的建设规划及其日常的使用情况。

从理论上来界定，城市公共空间的开发可以有多种模式，按照学者吴李艳的划分，包括：

——政府开发模式。即绝大多数公共空间的开发、建设和维护费用由政府的财政预算支出。但因为不同的政府部门分别负责公共空间的投资、建设、管理还有运营，所以在这种被细分了职能的行政体制之下，如果某一部门采取的措施不到位，就会对其他部门的进度产生影响。并且这种由上到下的政府的开发模式还存在效率较低、各部门权责不明确等缺陷。

——政府和企业合作的开发模式。即政府和企业围绕城市公共空间的开发建设及维护以合作经营和成本分担的方式进行。这种模式的出现原因，一是由于投资巨大单靠政府的力量难以筹集资金和平衡收支。二是在政府和开发商共同出资建设开发空间，会对企业进行相应的补贴、给予开发的优惠或者适当减免税收等，通过这些让企业在开发的过程中取得一定的收益，从而促使他们进行更加积极的空间开发。公共空间建成以后，政府拥有公共空间的产权，保障了空间为市民服务的公共性功能。并且这种模式是以城市公共空间生产者与提供者各自分离作为前提条件，即产权的建设者和产权的归属者各自分离。在政府和企业合作的开发模式之下，政府必须要选择适当的开发商，并且要和开发商对于明确产权关系这一方面协商一致，还要推动建成全面的管理与监督评价的机制。

——企业开发模式。即企业自主选择的城市公共空间经营项目或出于社会责任的公益项目。开发商在获得土地的使用权和开发的许可以后，在此地块上进行公共空间或者是附属空间的投资和建设，而且准许居民无偿地使用，这种开发商的投资模式就是企业开发模式。企业的动机是多个方面的，比如提升周边楼盘市场价值的目的，再比如缓解城市空间拥挤性的考虑，企业开发的小型公共空间的形式和内容更为丰富多样，它与周围的环境和服务人群的要求结合比较紧密，所以更能满足城市居民多元的游憩需求。①

三、城市公共空间治理的工具选择

（一）政策工具选择的一般依据

城市公共空间治理政策工具无好坏之分，而是要在政策目标的指引下，根据实际情况和所受限制条件进行综合选择。因此，以实现政策目标为中心，来选择合适的城市公共空间政策工具非常重要。总体而言，城市公共空间政策工具的选择应当遵循四项原则：一是充分考虑其他可替代方案，以确定工具；二是工具必须与城市公共空间政策相匹配，需要根据不同的城市公共空间进行选择；三是工具必须符合广泛的伦理道德；四是工具的有效性不是它唯一的目的，必须以最小的代价来达到理想的目标。

---

① 吴李艳：《公有与私用——论城市公共空间的企业开发模式》，载《城市环境规划》，2007年第4期。

在考虑如何在不同城市公共空间政策工具之间进行选择时，要从它们的特殊属性出发，主要从以下几个方面进行考虑：

一是城市公共空间政策目标。使用城市公共空间政策工具的出发点是为了实现城市公共空间政策目标，因此应以城市公共空间政策目标为出发点，并寻找运用工具实现目标的最优化选择。

二是城市公共空间政策工具的特征。每种城市公共空间政策工具有它自身优点和缺点，同时也有适用范围。所以，在进行政策工具的选择时，要充分分析和测算每种工具的价值，区分不同的适用情况。要在不同的实际情况下，选用不同种类的城市公共空间政策工具来处理城市公共空间问题。

三是利益相关方。政策的制定者要反复考虑不同的城市公共空间政策工具对各利益相关方或利益群体的影响，尽可能扩大正面效益，并将消极影响降至最低程度。

四是原有政策工具的限制。城市公共空间政策工具的选用，会受到过去使用或正在使用的城市公共空间政策的限制，这是由政策的连续性决定的。如果某些城市公共空间政策的使用是长期的，并且已经形成了固定政策路线图，那么难以在短时间内推动作出实质性的改变。这些因素会限制新城市公共空间政策工具的使用。

五是社会因素的影响。不同国家或地区的伦理道德、传统文化、通俗习惯、社会意识形态等因素会对城市公共空间政策工具的使用效果造成重大影响。如果忽视这些影响，甚至可能导致城市公共空间政策失灵。

六是其他政策因素。城市公共空间政策工具的选择还要受到社会经济政策和法律政策的限制。法律政策体系或法律的完善程度对城市公共空间政策有重大影响，如果法律体系不成熟，可能会滥用命令与控制型城市公共空间政策工具；如果法律政策体系成熟，则会更加注重混合型城市公共空间政策工具的使用。

（二）管制型政策工具及其应用

"管制是政府要求一部分个人或机构履行一定行为的程序或行动方案，多数情况下都是针对私人的，有时候也会针对公共问题。政府通过全程管理来贯彻规则，一般由特定的职能机构进行管理"。① 管制型政策工具的实质就是运用强制力禁止或允许政策对象进行特定活动。具体到城市公共空间治理，就是通过政策规范、行政法规、工商审批、执法干预、资格认证等直接性手段。② 这就要求，加大对城市公共空间的供应，以及对削弱或威胁城市公共空间正义性的活动进行管理和限制。

由国外城市公共空间治理的成功经验来看，使用管制型政策工具对城市空间进行治理是一种使用频率较高的方法。主要包括两种形式：一是空间管制，也就是通过制订整体性的城市公共空间改造方案，对该地区的城市公共空间进行有目的、有计划、有原则性的空间改造和空间设置，以达到对市民公共空间需求的供给。二是制度管制，就是对于特殊的政策主体，通过制定特殊法律、制度，将"人本"理念巧妙地嵌入其中，以达到好的公共空间治理效果。总之，规制型政策工具是直接进行城市空间治理的手段。从一定意义上讲，城市公共空间的失序状况是市场的负外部性扩散下的市场失灵现象，而政府管制是矫正这种市场失灵的必要手段。在我国，政府对城市空间规划有较强主导性，因而管制工具的使用有其便捷条件，也往往成为城市政府的首选对象。但是我们也必须注意到，管制型政策工具也有局限性，主要表现为管制往往面临监管困境，即有限的监管能力与多发的社会行动之间的不对称性。特别是城市空间形态之间以及城市居住、就业、交通等功能要素之间存在复杂关联，加之我国城市政府多依靠运动式治理、专项整治等手段解决突出

---

① ［加］迈克尔·豪利特、M. 拉米什：《公共政策研究——政策循环与政策子系统》，庞诗等译，北京三联书店2006年版。
② 刘兆鑫：《特大城市功能疏解的政策工具及其选择》，载《中国行政管理》，2017年第4期。

问题，一些非法的公共空间私用现象被查处后还会涌现，如企业污染和违规建设等问题。从国外经验来看，加强城市公共空间管制的立法和执法，以法律途径提升城市公共空间人文改造的常态化、制度化是值得借鉴之处。

（三）市场化政策工具

市场化政策工具就是以市场作为公共物品的提供机制，通过市场的经济主体的寻利活动来达到公共问题的解决，实现政策的目标。"它（市场化工具）能保证资源按照私人支付意愿所反映出来的社会价值分配到相应的物品与劳务上"。① 城市公共空间治理的实质是社会中各阶层民众在城市公共空间资源分配中的权利与义务划分问题，因而既可以通过行政控制的方式，也可以运用市场机制。与管制型政策工具不同，市场化工具并不直接作用于城市公共空间的划分，而是通过供给或者改变市场交易来满足民众对于城市公共空间的基本需求和义务履行，从而在整体上促进城市空间正义价值的实现。国外较早进行城市公共空间建设和治理的国家几乎无一例外地应用到市场化政策工具，大致可以归纳为市场利用和市场创建这两种类型的政策工具。

"市场利用"政策工具主要有两种具体形式：一是税费征免，即通过征收或者减免税费促进公共空间的有效供给，规范公共空间中政策主体的行为。税费征免又包括两种类型，一种是按区域，即根据不同空间所有权性质实行征收或减免税费。如：许多国家在治理城市公共空间中的摊贩时，都会设置"高租区"和"低租区"，对急需治理改造的区域的摊贩征收特定税费，而对鼓励迁往接收区的摊贩实行低税费或税费减免。另一种税费征免形式是按行为方式的性质，即按照特殊建设需求对进行

---

① ［加］迈克尔·豪利特、M. 拉米什：《公共政策研究——政策循环与政策子系统》，庞诗等译，北京三联书店2006年版。

不同活动的人群征收税费，典型的如停车费等。二是补贴或降低补贴。"补贴是指政府主导下的由政府、私人、公司或组织向其他私人、公司或组织提供的各种形式的财政转移"。① 补贴工具在城市公共空间建设方面的意义就在于，一方面通过政府补贴减轻商户、摊贩迁出城市公共空间的成本负担，另一方面对商户、摊贩向其他区域疏散形成诱导。

"市场创建"工具的主要实现形式有产权交易和金融帮助。产权交易，是指资产（土地）所有者将其资产所有权和经营权全部或者部分有偿转让的一种经济活动，其实质是以实物形态为基本特征的出卖财产收益的行为。空间产权交易是指在既定的公共空间容量下，以总量控制为基础在各公共场所之间将空间面积进行产权化，独立主体所拥有的空间产权可进行转移或交易以满足该独立主体利润最大化的目的，从而实现城市公共空间足量供给的最终目的。要把握空间产权交易概念必须着重以下几个方面：一是空间产权是一种稀缺资源，具有有限性，即总量控制；二是空间产权交易通过市场在独立个体和政府之间进行，即空间主体之间的交易。为了实现空间正义价值和城市公共空间足量供给的最终目的，更为有效地配置空间容量这种稀缺资源，解决由此产生的负外部性问题，交易工具在城市空间治理的细节操作中有着重要意义。如城市公园广场规划区域住户拆迁工作，为了顺利完成城市公共空间规划项目（广场），使区域内的原住户以一种等价有偿的方式换取其房屋土地的空间产权。另外一种是金融帮助，即借助各种金融手段引导政策主体进行空间转移。现如今，民众的生活和金融行业有密切联系，购置保险、贷款等行为在城市生活中普遍存在，政府通过国有银行或鼓励私营金融机构向外迁安置户提供金融帮助也不失为一种有效的途径，比如对外迁安置户购置新房时给予贷款优惠等。

按照当前公共管理研究的理论取向，政府对经济社会运行的调控应

---

① ［加］迈克尔·豪利特、M. 拉米什：《公共政策研究——政策循环与政策子系统》，庞诗等译，北京三联书店2006年版。

更多使用市场化政策工具。但是相对于管制工具，市场型政策工具在城市公共空间治理方面也同样存在风险，比如可能制造新的市场负外部性，增加征税可能引发城市公共休憩区生产生活要素价格上涨，从而将成本转嫁给消费者。再如，定向补贴和金融支持也可能对商户公平竞争形成不当影响。不过，作为对可能存在高成本、低效率问题的管制型政策工具的补充，市场化政策工具在城市公共空间治理方面的作用也不容忽视，特别是在市场经济条件下，城市要素的空间配置越来越受"看不见的手"的支配，合理应用市场化政策工具对减少疏解阻力、促进城市公共空间供给等方面会有所帮助。

（四）供应政策工具

供应，即政府通过财政预算提供商品和服务。供应型政策工具是政府直接提供某项公共物品的政策目标实现方式。一般来说，政府直接提供的是非市场化的产品和服务，也就是私营组织不愿提供或者市场供给没有效率的某些公共物品。供应型政策工具应用于城市公共空间治理的典型形式是政府直接投资进行急需类型的公共设施、场所建设和开发，如小吃街、公园绿地的统一规划和建设。城市公共空间治理的核心任务之一就是加大公共空间的供给，满足民众日益增长的需求。很大程度上，增添新的城市公共活动场所是公共空间供给的主要手段，而建设新的公共活动场需要政府承担主要的责任。

在世界范围内，有很多国家为解决公共空间供给问题而主导建设公共活动场所的案例。比如日本的"儿童户外公共活动空间"的建设。18世纪以前的城市社会，儿童户外活动主要在院子内进行，大街小巷就是他们的活动场所。工业革命开始以后，机动车迅速增多，街道对儿童来说已不再安全。在城市的不断变化和发展之中，城市规划也逐渐开始注重城市中的儿童对于城市的环境的需求。"二战"前，日本本土只有600处专供儿童进行户外活动的地方，随着城市儿童对于城市公共空间的需求问题持续被关注，日本政府开始加快儿童户外活动的专属公共空间建设。至1998年，日本国内建成了45304片儿童专属的户外活动空间（儿童公园），面积大约80平方千米，占日本居住区公园面积的43.3%，约占全国城市公园总面积的13%，服务半径为250米，居民步行两三分钟即可抵达。

与一般性的公共服务产品供给相比，政府主导新的公共活动场所建设往往需要大规模公共资源的支持。新公共管理和新公共服务理论不约而同地反对政府垄断公共物品的生产，强调多元供给，特别是市场和社会主体参与公共物品的生产与分配。这是有一定道理的，首先，供应型政策工具在公共空间供给方面的使用要着力解决财政负担过重的问题。随着经济发展，我国政府财力逐渐雄厚，但无论是从优化财政绩效，还是促进经济社会协调可持续发展的角度，政府供应都不应该过分依赖财政投资。《中共中央关于全面深化改革若干重大问题的决定》中指出："允许社会资本通过特许经营等方式参与城市基础设施投资和运营"，为公私伙伴关系（PPP模式）在城市公共空间开发建设中的运用打开了更广阔的空间。城市公共空间治理也要善于利用这种工具，促进新的公共活动场所建设和城市空间布局的有序推进。其次，供应型政策工具需要解决需求导向不清的问题，如我国一些城市政府不顾客观条件限制和城市发展规律，一味地大规模举债动迁兴建城市公园，却人烟稀少，这是在城市公共空间供给时须尽力避免的现象。因此，供应型政策工具的使用必须和管制、市场化工具结合起来使用，才能发挥出其最佳效果。

（五）志愿服务政策工具

志愿服务工具是指政府依托助他及社会福利型的非营利组织，通过某种志愿形式以实现政策目标的公共服务型工具，一般是通过家庭、社区、志愿服务组织等部分组成。公共服务型工具的自愿性等特征较为明显，是弥补强制性政策工具失灵和市场型政策工具失灵的有效形式，其在城市空间治理中的作用取决于市民社会力量的成长状况。① 现如今在城市公共空间治理生态中，民众的作用越来越明显，民众对权利的要求也越来越突出，故进行公共空间的治理也应充分注意志愿服务工具的运用，其在政策过程中的工具性途径主要体现在四个方面：志愿合同、志愿协议、志愿标志、志愿诉求。

志愿合同（Voluntary Contract）。志愿合同是政府部门与志愿者组织就某项公共事务或公益事业所达到的一致行动的法律协议，政府可以给予财政资助，其实质就是社会承担政府转移职能的部分。在西方国家城市公共空间治理的过程中，对于志愿合同途径的使用已经相当普遍，在我国，志愿者组织途径在其他领域的应用已经有了相当成熟普遍的经验，如西部教育扶贫计划等。

志愿协议（Voluntary Agreement）。志愿协议主要是指公共部门或者是相应的市场组织和志愿者组织对于某方面事项协商一致后制定的具有意向性的协议，此协议对于志愿者组织来说没有实际性的强制约束力。我国的局部地区也存在着相似的情况，比如说城市社区的联防治安，这些治安人员参与的一些工作原本是由政府的职能部门所负责的，并且他们也没有跟政府签订任何具体形式的、具有强制约束力的协议。

志愿标志（Voluntary Belling）。对信息安全的规制除了政府职能部门及市场组织的警示外，由志愿者组织参与的信息设置构成一种标志性活动。政府与志愿组织以宣传、广告、劝诫、指导等方式向公民或特定人群提供具有导向性的信息，以引导公民的行为达成政策目标。典型的例子就是20世纪70年代以后西方国家普遍推广继而在80年代扩展到我国的"吸烟有害健康"宣传。②

---

① 唐庆鹏：《公共危机治理中的政策工具：型构、选择及应用》，载《中国行政管理》，2013年第10期。
② 张新文：《政策工具中的志愿者途径浅谈》，载《学习与实践》，2008年第3期。

志愿诉求（Voluntary Appealing）。在 20 世纪 60 年代，许多西方国家的城市地区产生了大量针对保护环境、倡导维护妇女平等和解放等类型的多样化的志愿者活动，这些活动与当时持续爆发的城市运动相向而生，也被称作"新社会运动"（New Social Movements）。此类社会活动是以志愿组织的方式帮助市民表达平等的空间权利的一种重要渠道。比如，帮助贫穷人口争取更多地靠近贫民窟的公交捷运线路，以降低低收者出行成本，使这种诉求通过志愿组织得以放大并影响城市政策的制定。

城市公共空间治理实质上是社会价值在公共空间里的权威性分配，是城市社会结构变迁的结果，其治理过程要注重保护弱势群体的利益，才能凸显空间正义的核心价值。志愿者组织在上面列举的表现路径中充分地显示了公共政策中的公共性的精神和原则。站在公共治理的角度来说，志愿者组织展现的表意性和价值性的功能很好地弥补了"市场失灵"和"政府失灵"所产生的漏洞，现代的城市公共空间所具有的治理主体的多元性、手段的多样性、治理层次的分权性以及治理理念的分散性等特质，也逐渐印证于志愿者的表现路径之中。与此同时，我们也应注意到志愿服务工具运用的几点风险，一是志愿组织诞生的先天不足、组织结构易产生官员制倾向、领导无力、决策失败等问题。二是以志愿工具的方法论为视角来看，志愿者加入组织在很大程度上来说是个人主义的价值观的聚集，而不是社群合作的实际性意愿。因此，在城市公共空间治理之中重视志愿服务工具的使用的同时，也应看到其在政策执行阶段存在的局限性，要积极培育公民的志愿精神和公民意识，严格控制志愿组织行为的"负外部性"。

（六）信息型政策工具

信息型政策工具是指政府在政策制定、执行和反馈过程中为实现政策目标而采取的具有信息属性的手段、方式或途径①。信息型政策发挥效力有多种途径，一种是形成所谓的"曝光效应"，即对城市公共管理和使用中的个体行公布于公众视野之下，通过放大了的社会舆论效应来倡导或阻止某类行为的发生。比如，对公共空间私自占用的情况，一旦曝光于媒体或网络，则很容易引起管理者的重视，或者引发行为实施者自主离场。再比如，外部对城市公共空间质量的评价往往成为政府认识城市公共空间实践问题的重要渠道，从而推动政府改善城市公共空间质量或及时纠正公共空间中的不当行为。

二是"比照效应"，即通过信息公布形成不同主体间的排名、对比、竞争，从而激励城市公共空间参与者作出有利于公共利益的选择。例如，城市公共空间环境作为城市软实力的重要影响因素对城市竞争力排名有影响，因此城市政府多会主动改造老旧公共空间，规划建设和拓展新的公共空间，这在许多城市的招商引资实践中都有所表现。

三是"能力支持效应"，市民不愿参与城市公共空间治理，或者对各种不正当行为的漠视，往往并非因为没有行动动力，而是缺少行动能力。比如，市民对违建行为往往有抵制情绪，却不掌握相关法律法规，对违建是否存在安全隐患缺少评价能力，难以形成对此类行为的正当对抗，因而往往任由违建行为长期存在。而如果能够针对此类行为为市民提供相关信息，则可以有效提升市民自我治理的能力，而能力的提升反过来又会激发维权动力的增长。

从这三个方面来说，信息型政策工具是城市公共空间治理的一种重要手段，是继管制型工具、市场型工具、供应型工具和志愿服务型工具后，一项能够被寄予厚望的公共空间治理路径。

毫无疑问，信息工具对于城市公共空间治理是相当重要的，尤其是面对城市空间问题的复杂性和相互重叠的局面，信息型政策工具就是化

---

① 邓集文：《信息型政策工具：中国城市环境治理的重要手段》，载《中南林业科技大学学报》，2013年第6期。

解公共空间冲突的有效途径。20世纪90年代以来，信息型政策工具在我国环境治理的应用开始普及起来，特别是在城市环境治理当中。其中，有相当部分的信息型政策工具都使用于公共空间当中。比如，1993年10月，北京市第十届人大常委会第六次会议通过了《北京市关于禁止燃放烟花爆竹的规定》。然而，该规定的执行效果因与市民传统生活方式存在较大背离，很难有效地执行下去。2005年9月，北京市第十二届人大常委会第二十二次会议通过了《北京市烟花爆竹安全管理规定》，则由"禁"到"限"，对燃放烟花爆竹实行限时、限地、限品种和加强管理，同时加大了对燃放烟花爆竹导致的空间污染以及人身伤亡事故的及时披露，起到了重要的宣传警示作用，市民减少甚至停止燃放烟花爆竹的行为不断增多，直至被新的社会习俗所取代，这无疑是信息型政策工具使用的最好例证。

第七章

结论和展望

2015年,《中共中央 国务院关于深入推进城市执法体制改革改进城市管理工作的指导意见》专辟一条,提出要"维护公共空间",指出:"加强城市公共空间规划,提升城市设计水平。加强建筑物立面管理和色调控制,规范报刊亭、公交候车亭等'城市家具'设置,加强户外广告、门店牌匾设置管理。加强城市街头流浪乞讨人员救助管理。严查食品无证摊贩、散发张贴小广告、街头非法回收药品、贩卖非法出版物等行为。及时制止、严肃查处擅自变更建设项目规划设计和用途、违规占用公共空间以及乱贴乱画乱挂等行为,严厉打击违法用地、违法建设行为。"

2016年,《中共中央 国务院关于进一步加强城市规划建设管理工作的若干意见》与公共空间有关的意见条款占了相当比重,仅列举一二:"加强街区的规划和建设,分梯级明确新建街区面积,推动发展开放便捷、尺度适宜、配套完善、邻里和谐的生活街区。""继续推动公共图书馆、美术馆、文化馆(站)、博物馆、科技馆免费向全社会开放。推动社区内公共设施向居民开放。合理规划建设广场、公园、步行道等公共活动空间,方便居民文体活动,促进居民交流。强化绿地服务居民日常活动的功能,使市民在居家附近能够见到绿地、亲近绿地。城市公园原则上要免费向居民开放。限期清理腾退违规占用的公共空间。"

近年来,除陕西省出台了《陕西省城市公共空间管理条例》外,一些城市政府也陆续开展了一些公共空间的治理活动,如安徽邳州市的

第七章 结论和展望

"治理公共空间"行动等。实际上，城市治理的许多方面都或多或少涉及公共空间的治理问题，只不过并未把"城市公共空间治理"作为一个统一的治理层面。这些治理实践一方面体现了人们对公共空间重要性的认识不断加深，另一方面也进一步印证了公共空间对城市发展的关键性作用，激发了加强城市公共空间治理的时代呼声。但也不可否认，目前实践界对城市公共空间的认识仍然是零散的，关于城市公共空间的治理理论和体系化的政策知识也并不是十分清晰。或许，本书的一些观点对澄清相关认识会有所帮助。

第一，城市公共空间原则上是除私人空间以外的所有开放空间，构成城市公共生活和治理实践开展的主要承载体。因而，城市公共空间的状况不仅映射城市治理的整体状况，也制约着其他领域治理活动开展的有效性。换言之，城市公共空间治理不仅构成城市治理的重要方面，其本身也构成其他治理良性开展的基础。

第二，城市公共空间是物质空间和社会空间的统一体。城市公共空间的物理属性表现为开放性和审美需求，社会属性表现为可达性和参与性。从社会空间辩证法的角度来看，作为物质空间的公共空间受到社会关系的支配，而其本身又反作用于社会关系的生产和再生产，因而公共秩序是城市公共空间的核心属性。

第三，城市公共空间失序在当前中国集中表现为空间私人化、空间区隔、空间排斥和空间冲突几个方面，影响着城市和谐，制约城市综合承载力的提升。城市公共空间失序包含着多元诱因：城市公共空间在质与量上的供给不足是失序的前提性诱因，公共空间的有效供给是化解失序的前提；社会阶层分化是空间分异的根源，改革开放以来社会结构的变迁是城市公共空间失序的系统性诱因；城市公共空间的管理系统存在价值失范、治理碎片化等治理失灵现象，这是导致城市公共管理的基础性诱因。因而，治理城市公共空间失序要着眼于多重维度的整体推进，照应各方面诱因的制约关系。

第四，城市公共空间失序本质上是空间非正义的表现。以空间正义为价值取向，城市公共空间治理应该在空间形态上追求阶层混合居住，推动公共服务空间均等化，恢复社区公共空间吸引力，形成空间组织的多中心结构，推动阶层融合，在治理过程上要注重规避非正义性风险。

第五，虽然城市公共空间治理具有整体性、内在关联性的特征，但当前我国城市公共空间治理的规则供给仍显落后，法律基础还十分薄弱，管理职能和机构过度分散化，而以行政执法为逻辑的改革面临多重困境，需要建构统一的城市公共空间管理体系，有效结合政府、市场和社会多元合作的治理价值，推动公共空间治理走向社区化。

第六，城市公共空间治理要以充分的规则供给为基础，以全面的治理内容为体系，以有效的政策工具选择为保障。

最后，正如亚里士多德所说，"人们为了生活而来到城邦，为了更好的生活而留在城邦。"新时代人民对美好生活的向往必将在城市中得到集中展现。在中国响彻世界的城镇化浪潮中，城市也将变得更加拥挤，如何在紧凑的城市空间中组织更美好的生活，考验着城市管理者的智慧。城市公共空间作为城市政治、经济、社会、文化等多方面要素协调运行的枢纽，必将在城市治理实践中显现更加重要的地位，也必将不断产生新的治理议题和创新实践。本研究仍然是初步的基础探讨，而现实中关于城市公共空间及其治理的问题仍存广阔空间，希望在今后的研究中能有所拓展。

参考文献

中文著作

[1]［美］埃莉诺·奥斯特罗姆：《公共事务的治理之道》，余逊达、陈旭东译，上海三联书店 2000 年版。

[2]［美］艾拉·卡茨纳尔逊：《马克思主义与城市》，王爱松译，江苏教育出版社 2013 年版。

[3]［美］爱德华·苏贾：《后大都市》，李钧等译，上海教育出版社 2006 年版。

[4]［美］安东尼·奥罗姆：《城市的世界——地点的比较分析和历史分析》，曾茂娟、任远译，上海人民出版社 2005 年版。

[5] 包亚明：《后现代性与地理学的政治》，上海教育出版社 2001 年版。

[6] 陈家刚选编：《协商民主》，上海三联书店 2004 年版。

[7] 陈映芳：《都市大开发——空间生产的政治社会学》，上海古籍出版社 2009 年版。

[8]［英］德雷克·格利高里、约翰·厄里：《社会关系与空间结构》，谢礼圣、吕增奎等译，北京师范大学出版社 2011 年版。

[9]［英］多琳·马西：《保卫空间》，王爱松译，江苏教育出版社 2013 年版。

[10]［美］戴维·哈维：《叛逆的城市——从城市权利到城市革命》，叶齐茂、倪晓晖译，商务印书馆 2014 年版。

[11]［美］索亚：《后大都市城市和区域的批判性研究》，包亚明主编，李钧等

译,上海教育出版社2006年版。

[12][德]斐迪南·滕尼斯:《共同体与社会——纯粹社会学的基本概念》,林荣远译,商务印书馆1999年版。

[13]顾朝林:《城市社会学》,东南大学出版社2002年版。

[14]郭彩琴、丁立新:《过渡型社区教育理论与实践》,苏州大学出版社2010年版。

[15]何艳玲:《都市街区中的国家与社会:乐街调查》,社会科学文献出版社2007年版。

[16]姜振华:《社区参与与城市社区社会资本的培育》,中国社会出版社2008年版。

[17][美]简·雅各布斯:《美国大城市的死与生》,金衡山译,译林出版社2006年版。

[18][美]刘易斯·芒福德:《城市发展史——起源、演变和前景》,宋峻岭、倪文彦译,中国建筑工业出版社1989年版。

[19][美]理查德·博克斯:《公民治理:引领21世纪的美国社区》,孙柏英等译,中国人民大学出版社2005年版。

[20]李德华:《城市规划原理(第三版)》,中国建筑工业出版社2001年版。

[21]李丽红:《多元文化主义》,浙江大学出版社2011年版。

[22]陆铭:《空间的力量:地理、政治与城市发展》,格致出版社2013年版。

[23]陆学艺:《当代中社会阶层研究报告》,社会科学文献出版社2002年版。

[24]罗钢:《消费文化读本》,中国社会科学出版社2003年版。

[25][美]罗伯特·帕特南:《独自打保龄:美国社区的衰落与复兴》,刘波等译,北京大学出版社2011年版。

[26]马克思、恩格斯:《马克思恩格斯选集(第2、3、4卷)》,人民出版社1995年版。

[27][美]马克·戈特迪纳:《城市空间的社会生产(第二版)》,任晖译,江苏教育出版社2014年版。

[28][美]曼纽尔·卡斯特尔:《信息化城市》,崔保国等译,江苏人民出版社2001年版。

[29][英]卡莫纳等编著:《城市设计的维度》,冯江等译,江苏科学技术出版

社 2005 年版。

[30] 舒可文：《城里——关于城市梦想的叙述》，中国人民大学出版社 2006 年版。

[31] 孙江：《"空间生产" 从马克思到当代》，人民出版社 2008 年版。

[32] 唐旭昌：《大卫·哈维城市空间思想研究》，人民出版社 2012 年版。

[33] [瑞典] 希格弗莱德·吉迪恩：《空间、时间、建筑》，王锦堂、孙全文译，华中科技大学出版社 2014 年版。

[34] 亚里士多德：《亚里士多德全集（第九卷）》，苗力田等编译，中国人民大学出版社 1994 年版。

[35] 杨德昭：《新社区与新城市：住宅小区的消逝与新社区的崛起》，中国电力出版社 2005 年版。

[36] 杨长云：《公众的声音：美国新城市化嬗变中的市民社会与城市公共空间》，厦门大学出版社 2010 年版。

[37] 俞可平：《治理与善治》，社会科学文献出版社 2000 年版。

[38] [丹麦] 扬·盖尔：《交往与空间》，何人可译，中国建筑工业出版社 2000 年版。

[39] [德] 尤尔根·哈贝马斯：《公共领域的结构转型》，曹卫东等译，学林出版社 1999 年版。

[40] [英] 约翰·伦尼·肖特：《城市秩序：城市、文化与权力导论》，郑娟、梁捷译，人民出版社 2015 年版。

[41] 张晨：《城市化进程中的过渡型社区——空间生成社会整合与治理转型》，广东人民出版社 2014 年版。

[42] 张京祥：《西方城市规划思想史纲》，东南大学出版社 2009 年版。

[43] 周进：《城市公共空间建设的规划控制与引导》，中国建筑工业出版社 2005 年版。

中文论文

[1] 曹现强、张福磊：《空间正义：形成、内涵及意义》，载《城市发展研究》，2011年第4期。

[2] 陈泷：《城市声誉与公民行为——论品质城市建设的关键》，载《观察与思考》，2015年第9期。

[3] 陈明：《城市公共空间景观环境的安全评价》，西安建筑科技大学硕士论文，2006年。

[4] 陈水生、石龙：《失落与再造：城市公共空间的构建》，载《中国行政管理》，2014年第2期。

[5] 陈映芳：《城市开发的正当性危机与合理性空间》，载《社会学研究》，2008年第3期。

[6] 陈忠：《空间辩证法、空间正义与集体行动的逻辑》，载《哲学动态》，2010年第6期。

[7] 陈竹、叶珉：《西方城市公共空间理论——探索全面的公共空间理念》，载《城市规划》，2009年第6期。

[8] 陈竹：《什么是真正的公共空间？——西方城市公共空间理论与空间公共性的判定》，载《国际城市规划》，2009年第3期。

[9] 邓集文：《信息型政策工具：中国城市环境治理的重要手段》，载《中南林

业科技大学学报》，2013年第6期。

［10］付欢：《空间批判理论与城市正义的建构》，载《浙江社会科学》，2018年第5期。

［11］高聪颖：《社会组织参与城市公共空间治理的探索——以宁波市为例》，载《改革与开放》，2017年第1期。

［12］高洁、邢琰、胡玖漪：《基于城市管理视角的公共空间体系重构》，载《共享与品质——2018中国城市规划年会论文集》，2018年第11期。

［13］郭广银：《市民道德建设与城市现代化》，载《南京林业大学学报》，2002年第1期。

［14］何艳玲：《从破碎城市到重整城市：隔离社区、社会分化与城市治理转型》，载《公共行政评论》，2011年第2期。

［15］何艳玲：《中国式"邻避"冲突：基于事件的分析》，载《开放时代》，2009年第12期。

［16］何丹：《中国法治化进程中的城市规划管理》，载《现代城市研究》，2001年第4期。

［17］黄红华：《政策工具理论的兴起及其在中国的发展》，载《社会科学》，2010年第4期。

［18］景晓芬：《空间区隔及其对外来人口城市融入的影响研究——以西安市为例》，西北农林科技大学博士论文，2013年。

［19］李昊：《物象与意义——社会转型期城市公共空间的价值建构（1978—2008）》，西安建筑科技大学博士论文，2018年。

［20］郦伟、何蔚荣：《意识形态与乌托邦：当代中国城市公共空间生产的伦理维度》，载《华南理工大学学报》，2014年第12期。

［21］林青：《空间生产的双重逻辑及其批判》，载《哲学研究》，2016年第9期。

［22］刘士林：《中国城市规划的空间问题与空间正义问题》，载《中国图书评论》，2016年第4期。

［23］刘兆鑫：《城市公共空间的本质及其拓展目标和工具》，载《城市问题》，2010年第8期。

［24］刘兆鑫：《警惕基层官员的权力任性》，载《领导科学》，2015年第23期。

［25］刘兆鑫：《特大城市功能疏解的政策工具及其选择》，载《中国行政管理》，

2017年第4期。

[26] 娄胜华、姜姗姗：《"邻避运动"在澳门的兴起及其治理》，载《中国行政管理》，2012年第4期。

[27] 马惠娣：《休闲问题的理论研究》，载《清华大学学报》，2001年第6期。

[28] 潘泽泉、杨金月：《寻求城市空间正义：中国城市治理中的空间正义性风险及应对》，载《山东社会科学》，2018年第6期。

[29] 钱振明：《走向空间正义——让城市化的增益惠及所有人》，载《江海学刊》，2007年第2期。

[30] 秦红岭：《城市公共空间的伦理意蕴》，载《现代城市研究》，2008年第4期。

[31] 任政：《正义范式的转换：从社会正义到城市正义》，载《东岳论丛》，2013年第5期。

[32] 任政：《资本、空间与正义批判——大卫·哈维的空间正义思想研究》，载《马克思主义研究》，2014年第6期。

[33] 宋伟轩：《封闭社区研究进展》，载《城市规划学刊》，2010年第7期。

[34] 孙斌栋、刘学良：《美国混合居住政策及其效应的研究述评——经济适用房和廉租房规划建设的启示机》，载《城市规划学刊》，2009年第1期。

[35] 孙斌栋、魏旭红、王婷：《洛杉矶学派及其对人文地理学的影响》，载《地理科学》，2015年第4期。

[36] 孙全胜：《城市空间生产：性质、逻辑和意义》，载《城市发展研究》，2014年第5期。

[37] 唐庆鹏：《公共危机治理中的政策工具：型构、选择及应用》，载《中国行政管理》，2013年第10期。

[38] 陶鹏、童星：《邻避型群体性事件及其治理》，载《南京社会科学》，2010年第8期。

[39] 王丰龙、刘云刚：《空间生产再考：从哈维到福柯》，载《地理科学》，2013年第11期。

[40] 王玲：《城市公共空间的公共经济学分析》，载《城市规划汇刊》，2002年第1期。

[41] 王小兵：《城镇化进程中的社区道德建设问题》，载《城市问题》，2011年第10期。

[42] 吴李艳:《公有与私用——论城市公共空间的企业开发模式》,载《城市环境规划》,2007 年第 4 期。

[43] 吴庆华:《经济增长联盟的成因、影响及拆分路径探讨》,载《理论导刊》,2009 年第 10 期。

[44] 吴庆华:《社会融合的中国实践及策略》,载《经济研究导刊》,2013 年第 3 期。

[45] 杨磊、陈璐、刘海宁:《空间正义视角下的邻避冲突与邻避设施供给要件探析——以武汉某临终关怀医院抗争事件为例》,载《华中科技大学学报(社会科学版)》,2018 年第 2 期。

[46] 杨震、徐苗:《消费时代城市公共空间的特点及其理论批判》,载《城市规划学刊》,2011 年第 5 期。

[47] 俞可平:《重构社会秩序 走向官民共治》,载《国家行政学院学报》,2012 年第 4 期。

[48] 张鸿雁:《空间正义:空间剩余价值与房地产市场理论重构——新城市社会学的视角》,载《社会科学》,2017 年第 1 期。

[49] 张佳:《大卫·哈维的空间正义思想探析》,载《北京大学学报》,2015 年第 1 期。

[50] 张庭伟、于洋:《经济全球化时代下城市公共空间的开发与管理》,载《城市规划学刊》,2010 年第 5 期。

[51] 张谊:《国外城市儿童户外公共活动空间需求研究述评》,载《国际城市规划》,2011 年第 4 期。

[52] 赵文:《空间的生产》,载《国外理论动态》,2006 年第 1 期。

[53] 甄智君、梁鹏:《转型城市中的空间重构及治理重构:国外隔离社区研究综述》,载《公共管理研究》,2009 年第 6 期。

[54] 周波:《城市公共空间的历史演变——以 20 世纪下半叶中国城市公共空间演变为研究重点》,四川大学博士论文,2005 年。

[55] 周光辉、李虎:《领土认同:国家认同的基础构建一种更完备的国家认同理论》,载《中国社会科学》,2017 年第 4 期。

[56] 周国华、彭佳捷:《空间冲突的演变特征及影响效应——以长株潭城市群为例》,载《地理科学进展》,2012 年第 6 期。

英文文献

[1] T. Banerjee, "The future of public space: beyond invented streets and reinvented places", *APA Journal*, Vol. 67, No. 1, 2001.

[2] I. Bentley, *Urban Transformations: Power, People and Urban Design*, London: Routledge, 1999.

[3] Brook Lyndhurst, *Liveability and Sustainable Development: Bad Habits and Hard Choices*, London: ODPM, 2004.

[4] Matthew Carmona, Claudio de Magalhães, and Leo Hammond, *Public Space: The management dimension*. London and New York: Routledge Taylor & Francis Group, 2008.

[5] Castells Manuel, *The urban question: a Marxist approach*, Massachusetts: MIT Press, 1977.

[6] David Harvey, *The Urbanization of Capital*, Oxford Uk: Basil Blackwell Ltd, 1985.

[7] M. Davis, *City of quartz: excavating the future of Los Angeles*, London: Verso, 1990.

[8] M. Dikeç, "Justice and the spatial imagination", *Environment and Planning A*, Vol. 33, No. 10, 2001.

[9] A. Duany, E. Plater-Zyberk, and J. Speck, *Suburban Nation: The Rise of Sprawl and the Decline of the American Dream*, New York: North Point Press, 2000.

[10] E. J. Blakely and M. G. Snyder, *Fortress America: Gated Communities in the*

United States, Washington DC: Brookings Institution Press, 1997.

［11］Edward W. Soja, *Seeking Spatial Justice*, Minneapolis and London: University of Minnesota Press, 2010.

［12］K. Franck and O. Stevens, *Loose Space: Possibility and Diversity in Urban Life*, London: Routledge, 2007.

［13］J. Gehl, and L. Gemzøe, *New City Spaces*, Copenhagen: The Danish Architectural Press, 2000.

［14］J. Gehl and L. Gemzoe, *Public Spaces, Public Life*, Copenhagen: The Royal Danish Academy, 1996.

［15］M. Gottdiener, *The Social Production of Urban Space (Second Edition)*, Austin: University of Texas Press, 1994.

［16］D. Harvey, *Social Justice and the City*, Oxford: Blackwell, 1988.

［17］Kameta, "Pernicious assimilation: reframing the integration of the urban informal economy in Southern Africa", *Urban Geography*, Vol. 39, No. 2, 2018.

［18］Lefebvreh, *The Production of Space*, Nicholson Smith D. (trans.), Oxford: Blackwell Ltd, 1991.

［19］Setha Low, *Behind the Gates: Life, Security, and the Pursuit of Happiness in Fortress America*, New York: Roudedge, 2003.

［20］A. Madanipour, *Design of Urban Space: An Inquiry into a Socio-Spatial Process*, Chichester; New York: John Wiley & Sons, 1996.

［21］Matthew Carmona, *Public Space: The management dimension*, New York: Routledge, 2008.

［22］Stephen Carr et al., *Public Space*, Cambridge: Cambridge University Press, 1995.

［23］H. Gans, "Assessment of ecological and Marxist approaches", *Cities in Recession*, I. Szelenyi (ed.), CA: Sage; Beverly Hills, 1984.

［24］W. F. Whyte, *Street Corner Society*, Chicago: University of Chicago Press, 1955.

［25］Wu Fulong, "China's Changing Urban Governance in the Transition Towards a more Market-oriented Economy", *Urban Studies*, Vol. 39, 2002.

后　记

　　实事求是地讲，呈现在各位面前的这本书涉及一项相当不成熟的研究。之所以说不成熟，一是因为看似简单明了的研究主旨与异常庞杂的研究任务之间还确实存在一定落差。本书将研究对象锁定为城市公共空间这种具象的城市空间形态，并且关注其治理问题，但是这种具象空间背后却折射出政治社会乃至经济和文化多重因素的影子，这些因素高度交织、相互关联，共同作用于城市公共空间的营造。有时对单一因素的分析不可避免地牵扯到其他因素，如何清晰地勾勒出多维因素的内在关系着实困扰笔者很长时间。二是因为高度分散的问题导向与寻求一致性解决方案的努力可能并未很好地衔接。作为具有一致属性的空间形态，城市公共空间的问题却表现出多层次性和多样性，大到整个城市的公私空间结构，或者是全面深化改革关注到的城管执法体制改革，小到居民邻里的空间冲突或"微矛盾"，许多问题解决不好会给市民日常生活带来诸多不便，着实影响城市生活的幸福感，甚至会衍生出其他社会对抗和冲突。然而，如果按照传统思维分门别类地解决这些问题，不仅不经济，有时甚至会割裂因果联系而无法有效解决问题。实际上，按照城市公共空间的逻辑一致性，在完善了基础制度、构建了基本治理体系之后，许多公共空间问题或许可以得到系统解决和规避。当然，多重问题与一致性解决方案并不容易对接起来。

后 记

基于上述原因，笔者自 2013 年开始关注此议题，但整个研究深陷"搁置—重启—再搁置—再重启"的过程之中，有时甚至自感难以进行下去。但是随着文献积累和实践反思的不断深入，笔者愈发觉得加强城市公共空间治理对中国城市发展乃至整个城市化进程都具有十分重要的意义。因此，笔者更进一步将研究目标聚焦于两个方面，一是尝试用类似政治哲学的研究进路来解析城市公共空间及其治理问题，从秩序性维度来把握城市公共空间的属性，以秩序建构作为城市公共空间治理的核心任务。如果能在基础理论方面有所拓展，或者突破传统思维的局限，为后继研究提供新的分析框架，也不失为本书的可取之处。另外，通过引入政策分析框架，从政策价值、政策过程（体制）、政策主体和政策工具四个维度构建城市公共空间治理的分析框架，从而将复杂要素统合起来，以达到化繁为简的目的，希望能唤起对构建统一的城市公共空间治理体系的重视。

在本书中，笔者极力倡导从空间规划向空间治理的转变。这种转变不仅仅是技术层面的，还涉及理念、内容、方法和路径等多个方面的系统调整。在实践层面上，这种转变要求城市治理不仅关注空间形态本身，也要关注空间生产的过程。从一定意义上来讲，空间治理就是空间生产的过程治理，是基于特定价值优化空间生产过程的活动。显然，当前城市治理实践者对"空间治理"的认识仍然没有确立起来，缺乏对空间问题背后的政治社会诱因的关注，因而有时难以找到正确的解决之道。比如，因为职住分离加剧而导致城市通勤量增加，带来交通拥堵的问题，但是如果不从空间分异的社会建构过程着手加以调整，那么很难缓解职住分离的状况。幸运的是，近些年随着社会科学空间转向的快速传播，理论研究层面的"空间意识"开始普及，以空间治理为题的研究项目和文章不断出现。然而需要注意的是，空间理论与其说是一种理论知识，还不如说是一种方法论体系。建立在历史的、社会的和空间的三维立体社会认识论的基础上，任何社会现象以及社会问题都不可避免地与空间性联系在一起，也就是说都可以从空间维度对社会现象和问题进行解析。这无疑有利于产生新的知识，特别是政策知识。就比如为什么当前商品房小区建成不久就很容易走向破败老旧，一旦小区衰败又很难恢复，原因就在于空间与社会的双向生产。新的方法论体系也同样支持将原本看似不相干的事务联系在一起观察，从而提高理论分析和政策研究的系统性，就比如多措并举解决街头摊贩问题。本书是将空间性思维和方法论引入观察城市公共空间问题的一种尝试。当然，空间意识开启了社会认知的想象空间，它不是封闭的，而是一个开放体系，希望随着理论研究不断深入，空间治理的理论体系能够得以建构并持续完善。

本书的完成得益于多位良师益友的支持和指导。恩师俞可平先生前期极力主张对这一选题进行深入研究，并支持将其作为本人博士后研究题目，他也曾撰文《世界城市治理创新的若干趋势》并主动发我学习，其中特别提到城市公共空间是世界城市治理创新的重要领域，这些都极大地提振了我的研究信心。何增科、周红云、陈家刚、杨雪冬、赖海榕、丁开杰、沈体雁几位教授也先后在选题论证、研究设计、内容框架等环节给予无私帮助和指点，他们的意见是极具启发意义的，有时一个轻描淡写的观点就化解了我的研究困境，有时又提醒我可能忽视了某方面的重要内容，由衷感谢几位先生。当然，本书仍为粗糙之作，不妥之处为本人愚钝所致，与恩师和几位先生无关。

最后，一定要将感谢送与妻女——闫睿女士和刘钰琳小朋友，话无多讲，只求"岁月静好、现世安稳"。

刘兆鑫

2019 年 7 月于郑州寓所